스타트업을 하는 깐깐한 방법

스타트업을 하는 깐깐한 방법

초판 1쇄 발행 2015년 3월 5일

지은이 민광동
펴낸이 윤주용

펴낸곳 초록비책공방
출판등록 2013년 4월 25일 제2013-000130
주소 서울시 마포구 월드컵북로 400 문화콘텐츠센터 5층 19호
전화 0505-566-5522 **팩스** 02-6008-1777
메일 jooyongy@daum.net

ISBN 979-11-86358-01-6 03320

* 정가는 책 뒤표지에 있습니다.

「이 도서의 국립중앙도서관 출판예정도서목록(CIP)은 서지정보유통지원시스템 홈페이지
(http://seoji.nl.go.kr)와 국가자료공동목록시스템(http://www.nl.go.kr/kolisnet)에서
이용하실 수 있습니다.(CIP제어번호: CIP2015005340)」

기술창업자를 위한 사업계획 프로젝트

스타트업을 하는
깐깐한 방법

민광동 지음

시 작 하 는 글

#1 좀 생뚱맞지만

이 책의 수익금 전체는 몽골지역 청소년 교육 및 공부방, 무료급식소 운영자금으로 후원된다. 혹시 후원할 독자 분들이 있다면 대전시 중구 대흥로 62 예수수도회 메리워드 가족 담당수녀님께 연락을 주시라. 꼭 몽골이 아니더라도 후원할 곳은 널려 있다.

042-254-6530 (농협405-01-334850 예수수도회 메리워드)

#2 비즈니스 모델링과 사업계획(서) 작업의 연계

이 책은 기술창업자들의 사업계획 작업을 돕기 위해 썼다(여기서 기술창업은 대학 및 정부출연기관의 기술을 활용하여 창업하는 경우를 의미). 덤으로 사업계획서를 쉽게 도출할 수 있도록 로드맵과 워크시트를 제시하였다.

하지만 문화예술, 서비스, 아이디어 창업 등등 기타 영역에도 이 책에서 제시하는 기술창업 방법론을 응용할 수 있다. 실제로 필자는 강의와 코칭 현장에서 다양한 영역의 창업자들을 만난다. 그래서 이들

이 가장 갈증을 느끼는 부분이 바로 정부지원자금을 포함한 자금조
달방법과 사업계획서 작성법이라는 것을 알고 있다. 창업교육 현장에
서는 이 두 주제를 가지고 교육이 이루어지는데 여기에 비즈니스 모
델, 재무 등 몇 가지 주제를 덧붙이면 하나의 커리큘럼이 완성된다.

　　현장의 창업교육 주요 커리큘럼인 '아이디어 도출-비즈니스모델-
비즈니스전략(기술개발/생산/판매/인력수급)-추정재무' 분야의 교육은
서로 유기적으로 연결되어야 함에도 불구하고 따로 다루어지고 있다.
그런 탓에 창업자들은 각각의 연결작업을 스스로 하다 포기해버린다.
(그래서 내용 중에 언급되는 비즈니스 모델 방법론 역시 '사업계획을 통한 사업
계획서 도출'이란 맥락 안에서 다뤘다. 혹시 사업계획서 작업을 위한 것이 아닌
단순히 비즈니스 모델 자체가 궁금한 분들은 ㈜비전아레나 조용호 대표의 저서
《비즈니스 모델 젠》을 입문서로 추천한다.)

#3

유년시절 태권도장과 씨름장에서 함께 지내던 친구들은 내가 도장 사범이 될 것이라고 예상했단다. 스무살 전후 맨홀 뚜껑 속에서 케이블 매립작업(풀링작업)을 하던 동료들은 내가 전기기술자로 평생을 살 것으로 예상했을 것이다. 결혼 후 벌이는 사업마다 실패하던 30대 초반 추운 겨울, 신발 살 돈이 없어 비닐봉지 위에 양말을 덧신고 구멍 난 조깅화를 신고 신문배달을 하던 때 만났던 이들은 내가 어디선가 비슷한 무언가를 하고 있을 것으로 생각했을 것이다.

모두가 자기 환경 안에서 생각하고 판단하며 살아가는 것이다.

하지만 적어도 창업자들은 내가 속한 환경을 바꾸고자 하는 열망이 있다. 비록 세상의 벽에 부딪혀 아무런 변화가 없는 것처럼 느껴질지언정 포기하지 마시라. 이미 당신은 변해 있으니까.

차 례

비즈니스 전략 및 추정재무

비즈니스 모델을 어떻게 실행할 것인가

이런 저런

내 가

사 는

이 야 기

내 라이프스타일을 결정짓다

새벽 네 시, 윗집 할머님 댁 닭이 운다. 일어날 시간이다. 밭에 나가 물을 주는 것으로 하루가 시작된다. 이렇게 밭일을 한 시간 정도 하다 보면 이마에 땀이 송골송골 맺히는데 그제야 수돗가에 가서 머리를 감는다. 그날 기분에 따라 면도를 할 때도 있지만 대개 그냥 놔둔다. 평상시 나의 하루는 이렇게 시작된다.

"저녁을 바라볼 때는 하루가 거기서 죽어가듯이 바라보라. 아침을 바라볼 때는 만물이 거기서 태어나듯이 바라보라. 그대의 눈에 비치는 것이 순간마다 새롭기를. 현자란 모든 것에 경탄하는 자이다."

노트 한쪽에 붙여놓고 종종 읽어보는, 앙드레 지드의 《지상의 양식》 중 한 구절이다. 내가 어린 나이부터 좌충우돌하며 깨달은 것 중

하나는 '과거에 대한 후회와 미래에 대한 막연한 두려움은 한편에 밀어내고 지금 여기, 현재를 살아야 한다'는 것이었다. 참 쉽지 않다. 하지만 포기하지 않고 붙들고 있어야 하는 명제다. 정답은 없지만 내 정체성에 대한 질문을 끝도 없이 해대야 한다. 이 질문의 여부가 내 삶의 주도권을 결정짓는다.

새벽에 일어나 밭일하고, 책 읽고 글을 쓰는 내 일상은 남들이 보면 신선놀음이다. 게다가 저녁 9시만 되면 곯아떨어지는 나와 달리, 아내는 이런저런 집안일과 육아 때문에 늦게 잠이 든다. 그래서 강의가 없는 날 아침식사 당번은 내가 할 때가 많다. 대신 아내는 아이들 씻기고 옷 입히고 유치원 등원 준비를 시킨다. 그리고 유치원 버스 정류장까지 첫째 아이를 데리고 나간다. 그 사이에 나는 세 살 된 둘째아이 밥을 먹인다. 물론 회사도 다닌다. 두 곳이나 다닌다. 회사에 입사하기 전에 여러 에피소드가 있었지만, 난 회사에 입사하기 싫어 전제조건을 달았다.

"근퇴 관리를 받지 않고 일하고 싶습니다."

그런데 내 예상과 달리 사장님이 허락하셨다. 입사했다. 물론 매달 월급도 나온다. 이곳에서 난 창업대학원에서 배운 '기술창업 방법론'을 최대한 활용했다. 초기 투자유치를 위한 사업계획서 작성 작업부터 함께 했는데 사장님과 나, 그렇게 두 명이던 멤버가 이제 직원 다섯 명의 벤처기업으로 성장했다. 박사급 연구원이 두 명이나 있는 부설연구소도 생겼다.

아침에 출근하러 나가질 않으니 동네에서는 내가 백수인 줄 안다. 동네 어르신들은 아내에게 남편 직업이 뭐냐고 묻기도 하시고, 심지어 안타까워하며 "어서 남편이 자리를 잡아야 하는데…"라고 격려도 해주신단다. 느지막한 오전에 동네 도서관에 앉아 있는 일, 커피숍에서 서너 시간 죽치고 책만 읽을 때도 이런 시선이 느껴진다. 처음에는 그 시선이 당황스러웠지만, 이제는 신경도 안 쓰인다. 내가 원했던 라이프스타일이기 때문이다.

하지만 다 큰 어른이 반바지에 슬리퍼를 끌고 빈둥빈둥 어슬렁거리는 거라 생각하면 곤란하다. 내 일상은 일과 놀이가 구분되지 않는다. 카페에서 책을 읽다 꾸벅 졸다가도 투자유치를 위한 사업계획서를 쓸 문구를 구상하고, 사업계획서 작성을 하다가 갑자기 강의 콘텐츠가 떠오르면 강의 교안을 만들기도 한다. 게다가 이 책을 쓰기 직전까진 지난 5년간 언론에 칼럼도 써온 나름 5년 차 칼럼니스트다.

그러니까 나는 노는 듯 보이지만, 실제로 다섯 가지 직업이 있는 거다. 창업컨설턴트, 회사원, 칼럼니스트, 작가, 작은 텃밭 농부.

"게으르다."

"변덕이 심하다."

"위계질서를 끔찍이 싫어한다."

자타가 공인하는 내 성향이다. 사회 부적응자 되기 딱 좋다. 하지만
게으른 것은 여유로울 수 있다는 것이고, 변덕이 심하다는 건 호기심
대마왕이라 바꿔 말할 수 있으며, 위계질서를 싫어하니 조직의 안정
이 아닌 1인기업의 역동성으로 신나게 살 수 있다고 해석하면 또 괜
찮다.

"내 라이프스타일을 결정지을 수 있는 사람"

언젠가 "어떻게 살면 행복할까?"란 고민 끝에 정한 가치명제다. 다
른 사람이 뭐라 하든, 성공은 내 스타일대로 일상을 누리고 만족하는
삶이라 생각한다. 그래서 창업을 해서 돈을 얼마나 벌 것인지 고민하
기 전에 내 라이프스타일을 결정지어야 한다고 다짐했다.

나는 창업대학원에서 창업학, 그중 기술창업을 대학원과 실무에서
혹독하게 트레이닝 받은 사람이다(은사님들 말씀에 의하면 사실 내 스스
로 신세를 볶은 거라 하신다. 당신들은 고생시킨 적 없다 하시며…).

대학원에 입학하기 직전 겨울에 첫째 아이가 태어났고, 졸업하기
직전에 둘째 아이가 태어났다. 대학원 숙제는 또 얼마나 많은지, 낮에

일하고 돌아와 밤에 과제를 하다 보면 동이 트기 일쑤였다. 급기야는 1학기 차에 면역력 저하로 온몸에 발진이 생겼는데 "이러다 죽을 수도 있겠구나." 하는 생각을 그때 처음 했더랬다. 당시 여파로 지금도 조금 무리한다 싶으면 발진이 도지곤 한다.

그러다 2학기 차에 모 대학교에서 창업실무를 한 학기 동안 강의할 기회가 있어 대학원에서 1학기에 배운 것을 복습 겸 가르쳤다.

"최고의 학습은 가르치는 것"이라는 말처럼, 대학교 교양강좌를 맡았던 15주차 동안 창업대학원에서 배운 창업 알고리즘과 2학기 수업 시간에 배운 것들을 적절히 재구성해서 교안을 만들었다.

그 결과 한밭대 창업대학원에서 다루는 콘텐츠인 노스캐롤라이나 North Carolina 주립대학의 '기술창업 방법론'을 10회 이상 반복하며 숙달할 수 있었다.

그런데 이 기술창업을 준비하는 데 있어 가장 중요한 것이 초기 사업계획 시 향후 3년 내 매출 30억 원을 유지하고, 향후 5년 내 100억 원대 매출을 올릴 수 있는 수익모델을 만들어내는 것이다. 코스닥 상장조건에 맞추려면 말이다.

코스닥에 상장이 되려면 자기자본이 15억 이상이 되거나 기준시가 총액이 90억 이상이 되어야 하고, 벤처기업 이익규모 매출액 시가총액이 'ROE♦ 5%, 당기순이익 10억, 매출액 50억, 시가총액 300억, 매출액 증가율 20%' 중 하나에 해당되어야 한다.

하지만 모든 창업자가 위와 같이 수십억

♦ ROE(자기자본이익률) 기업의 수익성을 나타내는 지표 중 하나이다. 주주가 갖고 있는 지분에 대한 이익의 창출 정도를 나타낸다. 자기자본이 1,000원이고 당기순이익이 100원이면 ROE는 10%가 된다. 쉽게 말해 주주들이 1,000원을 투자한 회사에서 100원을 벌었다는 의미다. 당기순이익 / 자기자본 × 100

원의 매출을 올리고 상장할 필요가 있을까? 이것이 내가 기술창업을 공부하며 늘 품었던 고민이다. 사실 난 그만큼의 돈이 필요하지 않은 데 말이다.

게다가 100억 원을 벌고 싶으면 그만큼의 리스크를 감수할 수 있는 그릇이 되어야 한다. 그릇이 안 되면 꼭 탈이 난다. 세상에 공짜는 없고 선택에는 반드시 포기가 따르는 법이기 때문이다.

다시 말해 '내가 좋아하는 일을 하며 한 달에 100만 원만 벌면 된다'고 생각한다면, 그에 적당한 창업을 하면 된다. 굳이 위험을 감수하면서까지 창업을 할 필요는 없다. 취업을 해서 창업자와 같은 주인의식으로 일하는 것이 더 좋을 수 있다는 말이다.

여하튼 내가 하고픈 말의 요지는, 창업자라면 모름지기 '창업을 해서 어떤 라이프스타일을 가져갈 것인지'를 가장 먼저 고민해야 한다는 말씀!

고정관념과 상식에 대한 도전

"너 요즘 뭐 하고 다니냐?"

"강의하는데요?"

"누구한테?"

"취업준비생들 대상으로 창업을 강의합니다."

"⋯⋯⋯⋯너나 취업해라."

언젠가 어머니와 나누었던 대화다.

어머니는 늘 나의 대학 3학년 때를 말씀하신다. "네가 그때 공무원 시험 준비를 했어야 했는데", "대기업 공채에 지원했어야 했는데⋯" 라고 하시면서 말이다. 그리고 꼭 덧붙이는 말씀은 인간답게 살려면 9시 출근해서 6시에 퇴근하는 일을 해야 한다 하신다.

그 말씀을 듣고 집에 돌아와 살짝 펼쳐본 책이 있는데, 톰 피터스의 《WOW 프로젝트 1 : 내 이름은 브랜드다》다. 그 책에 이런 내용이 있다.

"나는 아버지처럼 41년 동안 월요일에서 금요일까지 똑같은 일터로 가기 싫어요. 아버지 세대가 사는 방식은 너무 고리타분해요.(죄송해요 아버지.)"

고정관념을 버린다는 것. 쉽지 않지만 꼭 해야 하는 일이다. 1998년도에 대학교에 입학했으나 한 학기만 다니고 자퇴했다. 그리고 토목공사 현장에서 일을 했다. 케이블을 지하에 매립하는 '풀링' 작업이었는데, 맨홀 뚜껑 속에 들어가 하는 일이다.

당시 인력사무소를 통해 일감을 받아오면 일당이 보통 3만 5천 원이었다. 거기에 5천 원을 수수료로 떼어줘야 했다. IMF 때문에 인건비가 많이 박했기 때문이다. 그런데 이 일은 8만 원씩 받았다. 꽤 힘든 일이기도 했지만 밤샘 작업이 많았기 때문이다. 새벽 두세 시 쯤 졸리고 추우면 소주 한 컵씩 들이키며 일했다. 그게 벌써 십 수 년 전이다.

그리고 길가의 낡은 가로등을 뽑아와 페인트를 모두 긁어내고 새로 칠한 후 다시 설치하는 일도 했다. 하루 종일 일하면, 가로등 한 개 반 정도 작업했다. 7만 원 정도 받았다. 그게 서른 살 때였으니 내 10대 후반부터 30대 초반까지는 소금·배추·무 농수산물 상하차, 야간 물류 상하차, 과일장사, 생선장사, 김장사 등 생계형 육체노동이 줄기차게 이어진 시기라고 할 수 있겠다.

현장에서 함께 일했던 분들과 소주 한 잔 걸칠 때면 "내가 배우지 못해서 이렇게 일하는 거야", "내가 뭘 알겠어." 등의 말씀을 자주 하셨다. (가만 보니 당시 스무 살이었던 내가 '아저씨' 하고 따라다니던 분들이 모두 지금의 내 나이뻘이다.)

처음 현장에서 노동을 할 당시 난 고졸이었지만, 그래도 대학교를 한 학기 다니다 그만둔지라 아저씨들에게 "저 대학교 다닌 적 있어요." 하고 말씀드리면, 모두 믿지 않으셨다. "우리 같은 노가다가 무슨 대학이야." 하면서 말이다.

지금 돌이켜 생각해보면, 자기 스스로 씌우는 고정관념의 굴레가 대단했던 것 같다. 지금 하는 일에서 벗어나서는 아무것도 할 수 없다고 여겼으니 말이다.

사업 실패하고 가족과 대전으로 내려갔던 나는 주변 누구에게도 그 소식을 알리지 않았다. 심지어(아니, 당연히?) 부모님께도 말이다. 그러니 일가친척, 친구들 모두 알 턱이 없었다. 그럼에도 나를 오랫동안 봐온 지인들은 나에 대해 다 아는 것처럼 착각한다.

이런 이들이 나의 문제 해결에 도움이 될까? 거의 도움이 안 된다. 인생의 큰 문제에 부딪칠 때에는 완전히 다른 내가 되어야 하는데, 그들은 문제 해결보다는 (조언을 가장한) '탓'을 하려는 경우가 많기 때문이다.

"내가 1926~36년 사이에 제작한 작품들은 사물의 배치 방식에 의해 얻게 되는 기이한 효과를 탐구하기 위한 것이었다. 그때의 나는 사람들이 일상에서 친숙하게 접하는 사물들을 그 사물이 놓인 환경에서 분리시켜 충격을 주는 방법을 사용했다. (중략) 이런 기법을 사용하면 평범한 사물이 특별한 존재로 변신한다."

— 르네 마그리트

르네 마그리트^{Rene Magritte}는 평범한 사물을 특별하게 변형시키기로 유명한 화가다. 피가 통하는 살갗으로 변형된 장화, 빗방울처럼 내리는 정장 차림의 신사를 보라. 우리가 무의식적으로 받아들였던 대상에 대한 고정관념을 깨뜨린다.

그래서 르네 마그리트는 "만약 내 그림을 본 관람객이 상식에 대한 일종의 도전이라는 사실을 깨닫는다면, 그 사람은 화가의 의도를 분명하게 안 셈이다. 내게 있어 이 세상은 상식에 대한 도전이기 때문이다."라고 말했다.

상식에 대한 도전, 이 말 멋지다. 창업자들 역시 자신에 대해 생각해왔던 고정관념에 도전할 수 있어야 한다.

표1 **기술, 제품, 시장과의 관계**

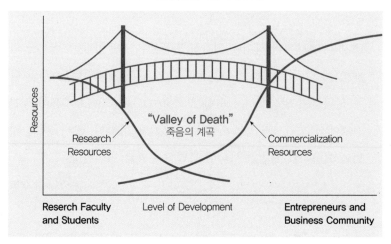

표1을 보라. '기술-제품-시장'과의 관계를 직관적으로 판단할 수 있다. 노스캐롤라이나 주립대학의 기술창업 방법론, 즉 TEC 알고리즘에 대한 논문에서 언급된 '죽음의 계곡Valley of Death'에 대한 내용인데, 죽음의 계곡은 창업자가 시장의 기회를 포착하는 것과 사업화 사이에 존재하는 큰 차이를 의미한다.

표1을 보면 '기술-제품-시장(T-P-M)'의 세 단계에서 많은 어려움이 존재하며, 기술개발에 필요한 자원, 인력, 조직구조 등에 필요한 요소는 왼쪽에, 사업화활동에 필요한 마케팅, 판매, 촉진, 생산 유통 등의 요소는 오른쪽에 존재함을 알 수 있다. 아이폰에서 활용한 멀티 터치스크린 기술을 예로 들어보자.

애플사는 2007년 출시한 아이폰의 마케팅 포인트를 멀티 터치스크린 기술, 즉 두 개의 손가락을 이용해 화면을 확대, 축소할 수 있는 기능으로 잡고 대대적인 홍보를 시작했다.

그런데 이 기술은 사실 1965년부터 개발되기 시작한 것으로 아이폰이 시초가 아니다.

1965년 IBM, 이리노이 대학, 오타와 대학에서의 연구를 시작으로 1972년 처음으로 터치스크린이 적용된 PLATO IV 컴퓨터가 개발되었다. 물론 당시에는 오직 하나의 터치 포인트만 인식되었지만 말이다.

그리고 이 PLATO IV 컴퓨터가 개발된 지 13년 후인 1985년에는 토론토 대학Input Research Group에서 멀티 터치스크린 기술을 적용한 멀티 터치 타블렛Multi-Touch Tablet을 개발하였다. 이후 2003년에는 재즈 무턴트Jazz Mutant 사에서 멀티 터치스크린을 적용한 뮤직 콘트롤러music controller인 리머Lemur를 개발하였는데, 이는 최초로 멀티 터치스크린이 적용된 상업용 제품이라 할 수 있다.

다시 말해 2007년 아이폰의 출시와 함께 각광을 받게 된 멀티 터치스크린 기술은 갑자기 등장한 신기술이 아니라 1965년 터치스크린 기술로 시작해서 2003년 상업화하기까지 꽤 오랜 시간이 걸려 발전해온 것이다.

우리는 이를 통해서 하나의 통찰을 얻을 수 있다. 그것은 '기술-제품-시장과의 상관관계'이다. 멀티 터치스크린 기술이 아이폰이란 스마트폰(제품)을 통해 시장의 폭발적인 관심을 받게 된 것처럼, 아무리 기술이 좋아도 제품과 맞아떨어지지 않으면 시장의 폭발력을 가지기 힘들다는 것이다.

시장조사업체 디스플레이서치 Display Search의 자료에 따르면, 2011년 디스플레이 제조업체들의 멀티 터치 기술 관련 시장은 60억 달러 규모를 형성하였고 200개 이상의 벤더들이 치열한 경쟁을 벌이고 있으며 2016년까지는 130억 달러 이상의 시장 규모를 기록할 것으로 예상했다. 또한 아직까지는 스마트폰 시장이 가장 큰 시장이지만, 2010년 아이패드에 채택된 이후 태블릿 컴퓨터 시장이 열렸고, 현재 대형 데스크톱 PC 디스플레이에서부터 상용 항공사의 뒷좌석에 설치된 기내용 엔터테인먼트 시스템에 이르기까지 모든 분야에서 채택되어 시장이 더욱 커질 전망이다.

그러니까 결론은, 터치스크린 기술(T)은 스마트폰 제품(P)과 스마트폰 시장(M)과의 관계를 통해 바라봐야 한다는 것이다.

- '기술'을 기술 하나로 분리시켜 보지 않기
- '제품'을 차별화된 기술과 고객니즈 관점에서 바라보기
- '시장의 욕구'를 고객 문제를 해결해줄 수 있는 기술을 적용한 제품 콘셉트로 살펴보기

이것이 고정관념을 벗어난 창업자의 관점이다.

대학교에서 창업팀을 만나면, "옷 만드는 기술이 있기 때문에 쇼핑몰을 준비한다", "커피 바리스타 자격증이 있기 때문에 커피숍 창업

을 준비한다", "전공이 컴퓨터 공학이기 때문에 정보통신기술 분야로 창업을 준비한다"라는 이야기를 종종 듣는다. 즉 내가 무엇을 할 수 있기 때문에 그 분야로 창업을 한다는 말이다.

기술벤처가 포진해 있는 대덕연구단지도 대개 자신이 연구 개발하던 분야를 기반으로 창업에 도전한다. 그리고 이런 스타트업 구성원들의 면면을 살펴보면, 모두 관련 분야 전공자들로 이루어져 있다.

어찌 보면 당연한 상황일 수 있지만, 이런 기술 중심의 창업은 시장과 고객에 대해 치밀한 고려를 하지 않으면 심각한 문제를 가져올 수 있다. 우리나라의 정부 R&D(연구개발) 성공률은 97%에 달하지만, 기업의 사업화 비율은 6.8%, 대학 및 연구소 사업화 비율은 4.4%에 불과한 것만 봐도 알 수 있다(2014년 기준).

사실 시장과 고객에 대해 치밀히 고려를 해도 사업화에 성공할 수 있는 확률은 매우 적다. 한때 유행했던 PDA 제품의 경우, 필적 인식률이 95%가 되었음에도 5%의 불확실성이 시장 실패요인 중 하나로 작용하지 않았는가.

이야기를 좀 바꿔보자. 언젠가 농민 분들을 모시고 교육을 하는데 매실 씨앗 유충 때문에 한해 농사를 망쳤다는 이야기를 듣고 회사에 돌아와 아이디어 회의를 했다.

"박사님 열매 안에 전파를 쏴서 벌레가 있는지 알 수 있을까요?"

"음, 반사되는 전파를 해석하거나 열을 감지해서 알 수도 있을 것 같은데요, 최 박사님 생각은 어때요?"

"네, 재밌는 아이디어네요. 한번 알아볼까요?"

"지금 진행하는 프로젝트 실패하면 한번 구체화해보죠."

만약 내가 회사 사무실에만 앉아 전략보고서나 구상하고 있었다면, 농업용 레이더에 대해 생각해볼 수 있었을까?

아마 힘들었을 것이다. 현장에서 매실 씨앗 유충 때문에 고민하고 있는 농민 분들을 만났기 때문에 농업용 레이더에 대한 아이디어를 낼 수 있었던 거다.

내가 가진 역량을 가지고, 제품이나 서비스를 만들어 어필할 수 있는 특정 고객 A가 있었다면 생각의 방향을 바꿔보자. 전혀 상관관계가 없을 것이라 생각했던 B라는 고객에게 내가 가진 역량을 활용해 할 수 있는 뭔가가 없을까?

어색하게 시작해도
하다 보면 익숙해진다

목련 꽃잎이 뚝뚝 떨어지던 햇살 밝은 때였다. 내 나이 열다섯 살. 버스를 타고 집으로 돌아오는 중이었는데, 한 정거장에서 중고등학생 한 무리가 신나게 떠들며 버스에 올라탔다. 내 또래 친구들이었지만, 밝게 웃으며 함께 하는 그들이 참 보기 좋았다.

마침 그때 버스 차창으로 교회 건물이 보여 '아, 교회 다니는 친구들인가 보다'고 생각했고 그 다음 주부터 난 그 교회에 다니기 시작했다. 나중에 알고 보니 천주교회였고, 그때부터 6개월간 예비자 교리교육을 받았다.

당시 예비자 교리책 맨 뒤에 참고도서 소개란이 있었는데 '나환자들의 사도, 다미안 신부' 전기가 소개되었다. 한 신부가 하와이의 한 섬에서 한센병 환우들을 돌보다가 당신도 병에 걸려 생을 마감했다는 내용이었는데, 그때 그 모습이 얼마나 위대해 보이던지…

그 책을 읽고 '신부'라는 직업을 알게 되었다. 문제는 세례 받기 전, 수녀님과의 면담에서 일어났다.

"광동아, 넌 나중에 무엇이 되고 싶니?"

"과학자요."(당시 대한민국 어린이, 청소년의 직업순위 1위는 과학자였다.)

"아, 과학자가 되고 싶구나. 그런데 혹시 신부님 될 생각은 없니?"

(역시, 수녀님은 내게서 뭔가 특별한 것을 발견하셨구나. 실망시켜드리면 안 되지.)

"실은 수녀님, 저 신부님도 되고 싶어요. 다미안 신부님과 같은 사람이 되고 싶어요."

(수녀님은 '아무럼 그러면 그렇지, 광동이는 대단하니까' 하는 표정을 지으시며) "그렇구나. 나도 광동이가 신부님이 되면 참 잘 어울릴 것 같은 생각이 든다."

나중에 알고 보니, 수녀님은 같은 교실에서 예비자 교리를 받았던 모든 남학생에게 "난 네가 정말 신부님이 되면 좋겠다."고 하셨고, 여학생들에겐 "수녀가 되는 건 어떠니? 참 잘 어울릴 것 같은데."라고 하셨다고 한다.

뭐, 하여튼 성직자라는 직업은 영웅심리 충만한 청소년에게 꽤 매력적인 직업이라 세례를 받고 난 그해 겨울, 나는 장래희망 란에 '천주교 신부'라고 적기 시작했다.

그리고 그렇게 7년이 지났다. 장래희망은 여전히 천주교 신부였고, 대학을 졸업하면 바로 수도회에 입회할 생각이었다. 여기서 7년이 지난 스물다섯이 될 때까지 장래희망이 줄곧 천주교 신부였다는 것은, 그때까지 한 번도 연애를 안 해봤다는 뜻이다. 독신으로 살기로 한 마당에 연애는 무슨.

그때까지 난 학교에 다니면서 줄곧 시민사회단체에서 활동했다. 주로 철거민 노인분들과 이주노동자 친구들을 만났는데 '훗날, 신부가 되면 꼭 이 분들과 함께 사부작거리며 살리라' 다짐했었다.

혹시 첫사랑이 이루어지기 힘든 이유를 아는가? 내 생각에는 사랑을 처음 해보는 이들은 극단적이어서, 그러니까 사랑하면서도 더 사랑하고픈 욕망에 자신과 상대방을 지치게 하는 것 같다. 사랑을 여러 번 해본 사람들은 페이스 조절을 잘하기 때문에 오히려 연애를 좀 더 잘 한다. 밀고 당기며 아주 기교 있게 감정을 컨트롤한다.

나 역시 지금의 아내를 만났을 때 아주 극단적이었던 것 같다. 지난 7년간 꿈꿔왔던 천주교 신부의 꿈을 만난 지 3주 만에 포기했었으니까.

아내와 연애를 시작하고 6년간 장거리 연애를 한 끝에 결혼에 성공했는데, 3주간의 첫사랑 감정이 신부를 꿈꿔왔던 지난 7년을 압도한 걸 보면 당시 난 분명 앞뒤 안 가리고 있었던 게 분명하다.

하지만 그때부터 문제는 시작되었다. 나의 상황을 객관적으로 살펴보기 시작했던 것이다. 이 세상에서 가정을 꾸리고 살아가려면 '돈'이 있어야 하고, 돈이 있으려면 취업을 해야 할 것 같았기 때문이었다.

게다가 병역의무도 남아있던 상태였다. 군대도 안 다녀온 25살 청년의 스펙은 아무리 후하게 평가해보아도 2점대의 학점과 신발사이즈와 비슷한 토익 점수뿐이었다.

아내를 만나기 전까지 난 세상의 기준에 대해 별로 신경 쓰지 않았다. 학점보다 시민사회단체에서 활동하며 쌓은 경험으로 훗날 수도회에 입회해서 신부만 되면 된다고 생각했는데… 그런데 상황이 달라졌다. 내가 처한 상황을 객관적으로 보게 되자 정말 막막함만 밀려왔다.

처음이자 마지막이었던 연애로 스스로를 객관적으로 파악하게 된 나. 만난 지 3주 만에 '그동안 7년간 꿈꿔왔던 천주교 신부를 포기했다'는 건 '결혼을 해야겠다'고 결심했다는 의미. 그리고 결혼을 하려면 돈이 있어야 하고, 돈을 벌려면 취업이든 창업이든 '업業'이 있어야 한다는 사실. 그렇다면 과연 나의 업은 무엇인가?

진로 탐색의 과정 중 선배 따라 자격증 시험도 준비해봤다. 결과는 실패. 이후 '돈'과 관련한 책들을 읽어댔다.

당시 자기계발 서적이 붐이었고, 이어서 주식투자, 부동산 투자 붐이 계속되었다. 개인교습 아르바이트를 하며 모아놓은 돈을 종자돈 삼아 컴퓨터를 한 대 들여놓고 주식투자를 시작했다. 결과는 실패. 서브프라임 모기지 사태가 나면서 벌어놓은 돈 대부분을 날렸다.

전업 주식 투자자의 삶은 자유로워 보였지만, 모니터 앞에서 컴퓨터 마우스만 까딱거리며 보낸 6개월의 생활은 내 삶을 피폐하게 만들기에 충분했다. 퀭한 눈, 불룩한 배, 푸석푸석한 얼굴…. 그래서 다른 분야를 기웃거린 게 부동산 투자였다. 당시 시중에 나와 있는 부동산 투자 책이란 책은 몽땅 찾아 읽었던 것 같다. 하지만 수중에 가지고 있던 천만 원으로 할 수 있는 건 별로 없었다.

그러던 차에 한 부동산 투자서를 읽었는데, '천만 원으로 투자하라'는 소제목에 갑자기 마음이 동했다. 그 누가 "생각하면 행동하라."고 했던가. 나는 그 부동산 투자서의 저자를 찾아 그가 사는 ○○펠리스로 찾아갔다. 물론 수강료를 가지고 말이다. 한 번은 50만 원, 한 번은 30만 원을 내고 저자를 만났는데, 가슴이 두근거려 잠도 안 왔다. 천만 원만 투자하면 곧 수백억 원대 자산가가 될 것만 같았다.

"세운상가에 가서 칫솔을 매입하고 지하철에서 팔아라."

그 부동산 투자서의 저자가 해준 조언이었다. 당장 세운상가로 달려갔다. 비가 추적추적 내리는 날이었다.

세운상가의 분위기는 묘했다. 뭔가 쓸쓸하고, 아련하고, 추억이 가득한 분위기…. 칫솔 도매상은 없었다. 세운상가는 칫솔 도매상이 없는 곳이었다!

지금 생각해보면, 그분도 칫솔장사는 해본 것 같지 않다. 하여튼 당시 순진하기가 이루 말할 수 없었던 나는 세운상사를 한나절 내내 돌아다니다가 결국 지하철 잡화노점상에게 물었다. 칫솔 어디서 떼어왔냐고.

그 노점상이 알려주길 동대문 완구거리로 가란다. 역시 전문가는 현장에 있다. 부동산 전문가의 칫솔 노점에 대한 조언을 그대로 믿다니…. "약은 약사에게, 진료는 의사에게"라는 말이 괜히 있는 게 아니다.

우여곡절 끝에 동대문 완구거리에 있는 도매점에서 칫솔을 매입했다. 처음에는 열 개들이 한 줄에 500원에 가져가라더니, 열 박스를 매입한다고 하자 300원으로 단가를 낮춰줬다.

이렇게 매입한 칫솔 열 박스를 아파트 베란다에 쌓아놓고 매일 팔러 다녔다. 대전 시민들에게 300원에 매입한 칫솔 한 줄을 2,000원에 팔았는데, "칫솔 사실래요?" 운을 떼는 게 어찌나 힘들던지…. 처음 한 시간은 말을 걸기는커녕 칫솔만 짊어지고 내내 걷기만 했다.

하지만 내가 칫솔 메고 운동하러 나온 건 아니지 않은가? 기세등등하게 한 짐 지고 나왔는데 다 팔기는커녕 한 줄도 못 팔 것 같아 결심을 했다. 다음 골목부터는 만나는 모든 사람에게 칫솔을 팔기로 말이다.

길을 걸으며 마주치는 모든 사람에게 "칫솔 사실래요?" 하던 영업 멘트가 "열 개들이 칫솔 한 줄에 2,000원인데 사실래요?" 하는 멘트로 바뀌더니 나중에는 "명절도 얼마 안 남았는데, 친척들 오면 저렴한 일회용 칫솔 새것 꺼내주세요."로 바뀌었다.

그리고 문이 열린 모든 점포에 칫솔 영업을 하러 들어갔다. 미용실, 식당, 커피숍, 여관, 슈퍼마켓 등 무작정 들어가서 칫솔을 사라고 했다. 하지만 여관은 이미 일회용 칫솔을 대량으로 구입하는 거래처가 있었고, 슈퍼마켓은 내 칫솔을 살 필요가 없었다. 오히려 경쟁자 취급받으면서 욕먹고 쫓겨났다.

결국 칫솔장사 개시 첫날, 딱 두 줄 팔았다. 그중 하나는 길가다 만난 친구가 사준 것이다. 이날 매출 4,000원 올리고 찻집에서 '장사의 어려움'을 토로하다가 찻값 만 원을 계산했으니 첫날부터 적자였다.

하지만 첫날의 이 무모한 도전을 통해 깨달은 게 한 가지 있었는데 그것은 바로 내가 잘 아는 분야를 파악해야 한다는 것! 그리고 설령 어색하게 시작했다 하더라도 하다 보면 익숙해진다는 것이었다.

현장의 필터링을 거치지 않은 아이디어는 앙꼬 없는 찐빵

한번은 친구 어머니께서 "광동이가 장사한다는데, 내가 하나 팔아줘야지." 하시며 칫솔을 사가셨다. 그리고 며칠 후 동네에서 만났는데 어머니 왈 "넌 어떻게 그런 제품을 팔 수가 있냐."고 호통을 치셨다.

이유인즉슨, 칫솔질을 하기만 하면 잇몸이 까이고, 칫솔모에 탄성이 없어 칫솔모가 한번 구부러지면 다시는 쓸 수 없다는 것이었다. (그러니까 일회용 칫솔이잖아요.)

어머니는 아무리 일회용이라도 다시 구매할 수 있는 물건을 팔아야지, 그런 물건 팔러 다니다간 신용 다 떨어진다는 일장 연설을 하셨다.

사실 나도 칫솔을 사용해보니, 다시는 쓰고 싶지 않았던 터이지만… 하지만 어쩌랴, 이미 열 박스를 사놨는데 다 팔아야지. 그래서 머리를 굴린 게 그냥 '정공법으로 가자, 품질 안 좋은 것 솔직하게 밝

히고 팔아보자'였고, 곰곰히 생각하던 끝에 5일장을 찾아다녔다.

5일장에서는 칫솔이 좀 더 팔리긴 했지만 '이것 팔아서 돈이 될까' 하는 의구심이 끝없이 밀려왔다.

원래 처음 칫솔장사를 시작한 의도는 300원에 매입한 칫솔을 한 줄에 2,000원에 팔면, 1,700원이 남고, 열 줄 팔면 17,000원, 백 줄 팔면 170,000원… 그렇게 2만 개 팔아서 3,400만 원을 벌 수 있겠다 는, 말 그대로 단순무식한 생각에서 시작했는데 웬걸 5일장에 나가도 열 줄을 팔기 힘든 상황이었으니 이대로 가다가는 재고만 가득 떠안 고 칫솔장사를 접어야 할 판이었다.

그런데 내가 칫솔장사를 해서 수천만 원을 벌면 하려고 했던 게 부 동산 전문투자자가 되기 위한 부지매입 때문이 아니었던가.

2007년 당시에는 당진 고대면 논 1천 평을 약 4~5천만 원 정도에 경매로 매입할 수 있었다. 당진 땅 한 필지 사고 싶어 시작한 칫솔장 사였는데, 이런 상황으로는 10년이 가도 부지매입은커녕 굶어죽기 딱 맞겠다 싶어서 다른 결심을 했다.

"시골로 가서 칫솔 팔면서 땅을 보자."

그래서 바로 시골로 떠났다. 논일 하시는 어르신들과 마을회관에서 화투치는 주민들께 칫솔을 팔기 시작했다. 이제 칫솔 팔아서 땅 사는 건 포기였다. 2,000원짜리 칫솔 가격 대폭 할인해서 1,000원에 팔고, 그 돈으로 읍내 식당가서 밥 사먹는 게 목표였다.

이렇게 칫솔을 팔러 다니던 어느 날, 너무 힘들어 '이 망할 놈에 칫솔 다 없애버리자'는 마음에 마을회관에 가서 칫솔 열 줄, 그러니까 100개를 기증했다. 길거리 행상이 시골마을에 뭔가를 기증한 최초의 인물이라나 뭐라나, 여하튼 그래서 한 할머니가 제안을 하셨는데 그건 다름 아닌…

"학생 같은디, 뭐 하러 이러고 댕기는 겨?"
"네, 어머님(할머니라고 하면 절대 안 됨). 칫솔 좀 팔아서 밭떼기 한 필지 사서 부모님 모시고 살아볼라 하는데요, 잘 안되네요."
"밥은 먹은 겨?"
"아니요, 칫솔 팔면 먹으려고 했는데, 이거 밥값도 안 나오네요."
"따라와 봐."

그렇게 해서 동네 어머님 댁에서 밥을 얻어먹는데, 낮잠 주무시던 아버님 왈,

"저어쪽에 땅이 한 필지 있었는디 대전 사람이 평당 4만 원에 사갔어. 물 나와서 못쓰는디 말여. 2만 원도 안 하는 거인디."

그때 문득 떠오른 생각이,

'아, 칫솔을 팔아 밥 사먹지 말고, 칫솔 드리고 밥을 얻어먹으면서 정보도 얻자.'

그래서 이후부터는 마을에 칫솔을 기증하고 밥 얻어먹고, 땅을 알아보며 6개월을 다녔다. 이 사례를 창업 아이디어 특강에서 종종 언급하곤 하는데, 예비창업자들에게 꼭 다음 메시지를 전한다.

> "아이디어는 현장에서 고도화된다.
> 반드시 현장의 뉘앙스를 느껴라."

처음에는 칫솔을 2만 개 팔아 3,400만 원 벌어보려 했다. 그런데 잘 안 팔려서 5일장에 갔고, 그래도 안 되서 시골로 갔다. 시골 가서도 칫솔 팔아서 땅 사기는커녕 밥도 사먹기 힘들었다. 그래서 칫솔을 기증하고 밥을 얻어먹게 되었다. 덤으로 땅에 대한 정보도 얻고 말이다.

우리가 책상 앞에서 고민하는 창업 아이디어라는 게 이와 별반 다르지 않다. 아이디어 2천 개가 있어도 제품화되는 건 두 개도 되지 않는다. 성공하는 건 한 개도 힘들다. 우리가 대박 아이템이라 생각했던 많은 아이디어들이 현장의 필터링 없이 사업계획서로 도출되었을 때의 한계다.

얼마 전 창업캠프에서 만난 대학생에게서 상담메일이 왔다. 내용인즉슨, 자기가 생각한 아이템이 너무 괜찮은데 빨리 사업화해야 한단다. 다른 사람이 채갈까 봐 겁이 난단다. 그래서 다음의 표를 보내줬다.

표2 최초 진입자 VS 추종자

제품	최초 진입자	잘 알려진 추종자	승자
8mm 비디오 카메라	Kodak	Sony	추종자
일회용 기저귀	Chux	Pampers Kimberly Clark	추종자
성형 판유리	Pilkington	Corning	최초 진입자
그룹웨어	Lotus	AT&T	최초 진입자
즉석카메라	Polaroid	Kodak	최초 진입자
마이크로 프로세서	Intel	AMD Cyrix	최초 진입자
마이크로 웨이브	Raytheon	Samsung	추종자
개인용 컴퓨터	MITS(Altair)	Apple IBM	추종사
PC 운영체제	Digital Research	Microsoft(MS-DOS)	추종자
스프레드시트 소프트웨어	VisiCaic	Microsoft(Excel) Lotus	추종자
VCR	Ampex Sony	Matsushita	추종자
비디오 게임기	Magnavox	Atari Nintendo	추종자
웹 브라우저	NCSA Mosaic	Netscape Microsoft (Internet Explorer)	추종자
워드 프로세서 소프트웨어	MicroPro (WordStar)	Microsoft(MS Word) Wordperfect	추종자
워크스테이션	Xerox Alto	Sun Microsystems Hewiett-Packard	추종자

출처 : 《기술경영과 혁신전략》, 멜리사 스킬링 저

이 친구는 미치는 거다. 시작만 하면 성공은 따 놓은 당상인데, 창업할 여건은 안 되니 말이다.

이렇게 자기 아이템과 사랑에 빠지면 물불을 안 가리게 된다. 이 친구는 심지어 계약금 줄 테니 사업계획서 코칭까지 해달라고 했다.

◆ **린스타트업 방법론** 얼리어답터에게 최소요건의 기능과 성능을 구현할 수 있는 시제품(MVP)을 시장에 출시하고 이들로부터 피드백을 얻어가며 제품 및 서비스의 완성도를 높여가는 방법론. 최근 실리콘밸리에서 주목받고 있다. 국내에 에릭 리스의 《린스타트업》, 애시 모리아의 《린스타트업》 두 권의 책이 번역되어 있다.

창업자는 대부분 하나의 아이디어에서 시작해 창업을 고민한다. 그런데 이렇게 하면 십중팔구 실패한다. 다시 말하지만 창업 아이디어는 현장에서 고도화되거나 아주 다른 아이템으로 바뀌기 일쑤다.

린스타트업 방법론◆에서 언급하는 '최소요건제품MVP'를 만들어 시장의 반응을 살피며 아이템을 업그레이드하든, 위장취업을 해서 현장의 뉘앙스를 접하든, 주변의 업계 실무자를 만나 정보를 캐내든(?) 가급적 현장의 뉘앙스를 느껴볼 수 있는 시도를 해야 하는 이유가 바로 여기에 있다.

예비창업자들이 "이 아이템 어떤가요?"하고 물으면 좋다, 나쁘다 대답할 수 없다. 사업 타당성을 살펴보는 많은 점검도구들이 있지만 이는 참고용일 뿐이다. (경영대학 교수가 사업해서 성공했다는 얘기 들어본 적 있는가?) 세계최대 항공화물회사 '페덱스'의 창업자 프레드 스미스도 대학생 때 1일 배달서비스에 관한 리포트를 썼으나 아이디어가 실현 불가능하다는 이유로 교수로부터 '쓸 데 없는 생각 좀 하지 말라'는 면박을 받았다는 일화처럼, 누군가의 아이템 성공 가능성을 100% 판단할 수 있는 사람, 방법론은 어디에도 없다.

그래서 나는 아이템을 코칭할 때, 동료 코치들이 학생들의 사업계획을 보고 "이 아이템 안 돼", "이 아이템 어디서 봤는데 좀 힘들던데?" 등등 가치판단을 내리지 말라고 주문한다. 사업계획 코치들이 세상의 모든 아이템을 경험해본 것도 아닌데, 이런 한정된 경험에 근거한 편협한 사업성 판단으로 창업자들의 기를 꺾어놓는 것을 많이 보았기 때문이다. (그렇게 잘 알면 자기들이 사업하던지.)

아이템의 성패는 누구도 단정할 수 없지만, 다만 창업자가 아니면 할 수 없는 것들은 분명 있다. 그래서 이번 장에서는 스타트업 창업자가 반드시 해야 하는 세 가지와 이 책에서 비중 있게 다루고 있는 (창업자 스스로 해야 하는) 사업계획 방법론을 소개하고자 한다.

스타트업을 할 때 놓쳐서는 안 될 것들

스타트업 창업자가
반드시 해야 하는 3가지

창업자가 반드시 해야 하는 일 세 가지를 꼽으라면 '생각하기', '사람 만나기', '사업계획서 작성하기'를 들겠다.

가끔 "선생님, 이 아이템 성공할 것 같아요?" 하고 묻는 이들이 있는데, 그럴 때면 속으로 '그걸 알면 내가 했게?' 하고 말한다. 중요한 건 그게 아니다.

생각하기 : '사자의 심장'을 가질 때까지

창업은 다 큰 어른이 하는 거다. 스스로 생각하고 의사결정하고, 책임 지는 '어른'말이다.

직장에서도 '주인의식'을 가지고 일한 사람이 창업에 성공할 확률이 높다. 나이만 먹은 성인이 창업 후 정글과 같은 현실에 직면했을 때의 느낌은… 아… 다시 생각하기도 싫다.

나는 정말 발가벗은 느낌이었다. 빌딩 숲 속에서 서류가방 하나 달랑 들고 어디 갈 데도 없어서 두리번거렸던 그 순간을 잊지 못한다. 언젠가 모 벤처기업의 대표가 대기업 출신의 3년차 창업자를 만났을 때 이렇게 이야기했다고 한다.

"이제 세 살이군 그래, 나는 열다섯 살인데."

그러니까, 내가 가진 창업 아이디어를 누군가에게 자꾸 확인받고 싶은 마음이 들거든 일단 창업할 마음을 접길 바란다. 대신 관심 있는 분야를 다루는 직장에 들어가 '수행'을 더 해라. 그곳에서 주인의식을 갖고 일하다 보면 어느 순간 '사자의 심장'을 가지게 될 것이다.

여기서 '사자의 심장'이란 얼마 전 아내가 해준 이야기인데, 여성들이 나쁜 남자에게 이상야릇한 감정을 가지는 이유란다.

나쁜 남자들은 울타리, 기득권, 제도에서 강요하는 메시지를 무시한다. 늘 자기 하고 싶은 대로 살고 스스로 삶을 개척해나갈 '야성'을 잃지 않는데, 그것이 여성의 생존 본능을 자극시켜 매력적인 남자로 보이게 한다나….

사람 만나기 : 모르는 이를 만나라

사람을 만나는 것도 마찬가지다. 창업자는 처음 보는 사람과 만나야 하는 경우가 많다. 그래서 창업하면 제일 먼저 명함을 판다. 그것도 그냥 파는 것이 아니라 그 명함이 나오기 전까지 몇날 며칠을 고민한다. 문구도 만들어야 하고 직함, 블로그 주소, 이메일… 여하튼 있어 보이려고 별 고민을 다한다.

그런데 문제는 이렇게 며칠을 들여 명함을 파는 이유를 망각한다는 것이다. 알고 지내던 이웃사촌 만나는데 명함은 필요 없지 않은가. 처음 보는 이에게 날 소개하는 도구가 명함이다. 즉 모르는 이들을 만나라는 말이다.

하지만 현실은 어떤가? 명함을 들고 다니며 지인들에게 광고만 하러 다니는 창업자가 허다하다. 영업을 위해, 사업성공을 위해 낯선 이들을 만나는 데 주저한다.

이들 역시 일단 '취업'을 다시 하길 바란다. 상사의 도움을 받아, 즉 상사가 시키는 대로 낯선 사람을 만나는 연습을 하도록…. 그렇게 '수행'하며 '사자의 심장'을 가져야 할 것이다.

사업계획서 작성하기 : 일단 써봐라

창업자가 해야 할 일 중 세 번째인 '사업계획서 작성하기'에 대해 언급해보자면, 이는 사자의 심장을 가졌든 아니든, 수행을 하든 말든 누구나 할 수 있는 일이다.

이 책에 나온 순서대로 구성요소들의 개념을 파악하고 그대로 따라하면 된다. 물론 사업계획서를 작성하는 데 정답이 따로 있는 것은 아니지만, 이 책에는 시중에 유행하는 사업계획서 작성을 위한 비법 류의 서적들과 다른 중요한 세 가지 차별점이 있다.

첫째, 사업계획'서'가 아닌, 사업'계획'에 초점을 둔다

비법 류의 책을 보고 사업계획서를 쓰는 것은 불가능하다. 비법 열두 가지를 알면 뭐하나, 어떻게 쓰는지를 모르는데.

이건 마치 떡볶이 만드는 비법 열두 가지만 듣고, 재료는 어디서 구하는지, 어떤 순서로 조리해야 하는지 모르는 상황과 같다.

하지만 떡볶이를 만들 재료라도 있으면 매운 떡볶이든, 달달한 떡볶이든 뚝딱 만들어낼 수 있을 것이다.

창업자들은 공감할 것이다. 시도 때도 없이 사업계획서를 쓸 수밖에 없는 현실을 말이다. 이 책에서 언급하고 있는 사업계획의 백데이터back data◆는 이러한 재료의 역할을 한다. 백데이터만 확보되면 사업계획서 작업은 쉬워진다.

물론 최고의 떡볶이 재료가 최고의 맛을 보장하지는 않는다. 채소와 고추장, 각종 조미료를 어떻게 조합하느냐에 따라 맛이 좌우되는 것처럼, 창업 또한 사업에 필요한 다양한 구성요소들을 어떻게 조화롭게 활용할 것인지가 매우 중요하다. 이에 대한 내용은 뒤에서 '비즈니스 모델링'을 설명할 때 다룰 것이다.

또 하나, 점심 때 매운 낙지찜을 먹고 저녁 때 먹어야 하는 매운 떡볶이는 시기상 적절하지 못하다. 떡볶이를 먹고 최고의 만족감을 느끼려면 점심 때 싱거운 음

◆ 백데이터 이 책에서 언급하는 백데이터의 의미는 사업계획 단계에서 수집되는 각종 자료나 정보 등을 의미한다. 창업자는 투자를 받기 위해 많은 사업계획서를 작성해야 하는데, 사업계획서 한 부를 곰국 끓이듯 우려먹는 창업자가 많다. 혹은 사업계획서 작성능력이 창업자의 역량인 듯 착각하는 경우도 많다. 정리하자면 사업계획서는 사업준비 과정 중에 정리된 백데이터를 기초로 작성하는 것이며, 사업준비 과정은 백데이터의 수집·정리·가공 과정으로 드러나는 것이다.

식을 먹거나 다른 날에 떡볶이를 먹어야 하지 않겠는가. 창업에 있어 이는 비즈니스 전략에 빗대어 설명할 수 있다.

사업계획서를 작성하는 것이 사업계획의 전부는 아니다. 제품을 만들어 파는 데 집중해야 할 시간에 사업계획서 작성 작업에만 몰두하고 있다면 오히려 옳지 않다.

그러나 사업계획이 잘 짜인 창업팀은 사업계획서 작업에 그리 큰 공이 들어가지 않는다. 사업계획서는 사업계획 백데이터를 근거로 하여 작성하는 것이고, 이 백데이터는 평소 아이템을 검증하는 과정에서 나올 수밖에 없는 부산물이기 때문이다.

그런 이유로 나는 사업계획'서'가 아닌, 사업'계획'에 초점을 두고 이 책을 썼다. 재차 언급하지만 사업계획서는 합리적인 사업계획에 따라오는 부산물일 뿐이다. 다만 이 합리적인 사업계획에는 나름의 논리가 있어야 하며 이는 창업 분야에 따라 조금씩 다르다 하겠다.

이중 이 책에서는 기술창업 분야에 초점을 두고 사업계획 논리를 전개하며 이를 '기술창업 방법론'이라 칭하고자 한다.

둘째, 기술창업 방법론을 집중적으로 다룬다

서두에서 언급했듯 대부분의 엔지니어들은 자신의 기술이 제품화되기만 하면 시장에서 '먹힐 것'으로 생각한다. 창업대학원에서 사업계획 작업 차 출연연구원의 개발팀장을 만난 적이 있는데, 그때 그와 이런 대화를 나눈 기억이 있다.

"박사님, 이 기술이 왜 시장에서 매력적일 거라 생각하세요?"

"우리 기술이 최고니까요."

"그렇다면 이 기술을 구현한 제품의 기능 혹은 성능에 차별점이 있다는 말씀 같은데, 구체적으로 뭘 의미하죠? 그리고 이 기술의 어떤 특성이 그러한 차별점을 가능케 하는 거죠?"

"최고인데 뭔 말이 필요해요."

이런 식이다. 그 개발팀장 만나고 출연연구원에 민원 넣으려다 참았다. 국민의 세금으로 기술을 개발하면서 월급을 받아왔고, 대한민국 국민이라면 출연연에서 개발한 기술에 대한 궁금증을 해소할 권리, 그리고 정당한 대가를 지불하고 특허를 이전받을 수 있는 권리가 당연히 있는데, 이 개발팀장의 마인드는 '내가 최고의 기술을 개발했으니 궁금증 따위는 무시한다'는 식이었으니, 속으로 '욱'하는 마음이 들었던 것이다.

기술창업에 관심 있는 경영학자들은 '기술 중심의 사업계획'이 아닌, '시장 중심, 고객 문제 중심'의 사업계획으로 전환해야 한다고 주장한다.

맞는 이야기다. 하지만 현장에서 보면 이 역시 문제가 있다. 이들은 엔지니어를 향해 아무 때나 '고객 문제 중심의 사업계획'이란 표현으로 '퉁' 치려는' 경향이 있다. 언젠가 모 출연연구원에서 진행한 린스타트업 방법론 교육에 참여한 적이 있는데, 마케팅을 전공했다는 경영학 박사가 뭔 질문만 받았다 하면, "엔지니어는 기술 위주의 사업화 습관에서 벗어나야 합니다."라고 답변을 했다.

세부적인 문제에 대해 일반론으로 답하는 격이라 내가 다시 물었다.

"박사님께서는 어떤 분야든 린스타트업 방법론을 적용할 수 있다고 생각하십니까?"

"네, 그렇습니다."

"린스타트업 방법론의 핵심은 최소요건제품을 출시하고, 시장의 피드백을 받아가며 더 나은 제품을 만들어내는 프로세스라는데 맞나요?"

"네, 핵심을 정확하게 짚어내셨네요."

"저희 회사의 경우, B2G 모델을 가지고 있기에 시장의 반응을 살필 수 있는 최소요건제품을 출시하거나 그에 따른 피드백 정보를 얻기가 힘듭니다. 이런 경우에 린스타트업 방법론을 적용시키려고 하면 무리가 있을 듯한데 어떻게 생각하십니까? 그리고 또 하나, 이 교육에 참여한 엔지니어들이 제품화 이전의 기술을 가지고 사업화를 고민하게 된다면, 초기 기술을 중심으로 한 매력적인 제품 개발계획, 즉 기술사업화에 이 린스타트업 방식을 어떻게 적용해야 합니까?"

그러나 이번에도 역시 기술 위주의 창업 태도에 대한 '훈계'와 일반론에 대한 답변을 들었을 뿐이다. B2C, B2B, B2G◆ 모델에 따른 린스타트업 적용 사례를 들려 달라 했더니 정보통신기술ICT, Information& Communication Technology 관련 사례만 준비해왔다며 아직 국내에 린스타트업 모델을 강의하는 사람이 거의 없고 적용 분야도 한정적이라 구체적 사례로 제시할 수가 없단다. (어떤 분야든 다 적용 가능하다면서요?)

◆ B2C(Business to Customer) 기업이 개인 고객을 대상으로 하는 사업을 말한다. B2B(Business to Business) 기업이 다른 기업을 대상으로 하는 사업을 말한다. B2G(Business to Government) 기업이 정부를 대상으로 하는 사업을 말한다.

구체적인 질문에 일반론으로 대답하는 유형은 두 가지 중 하나다. 사기꾼이거나 잘 모르거나.

하지만 이 경영학 박사의 인상을 보아하니 사기꾼인 것 같지는 않고, 그냥 현장을 잘 모르는 것 같았다. 책만 보고 현장에 나온 것이다.

그렇다면 다른 곳에서는 어떤가? 창업교육 콘텐츠 중 히트상품격인 '비즈니스 모델' 교육을 예로 들어볼까?

알렉산더 오스터왈더&예스 피그누어의 《비즈니스 모델의 탄생》이라는 책이 있다(2014년 10월 개정판이 출간되었다. 2014년 11월 현재 번역본은 국내에 출간되지 않았다.). 일부 창업 강사들이 신줏단지 모시듯 아끼는 책인데, 이 책에 소개된 비즈니스 모델 캔버스를 통해 많은 다국적 기업들이 사업모델을 수립하는 등 실무에서 활용하고 있다고 한다.

이 책에는 아이템 개발, 신사업 개발 등을 해야 하는, 혹은 해야 할 것 같은(이런 창업자는 취업하라니까) 창업기업들에게 유익한 내용이 풍부하다. 그래서 전국의 각종 창업교육에서 빈번하게 활용되고 있다.

그러나 대학 및 창업보육센터 입주기업 등에서 활용되는 비즈니스 모델 수립 과정의 면면을 살펴보면, 뭔가 좀 부족한 느낌이다. 그 과정은 일단 이러하다.

- 일단 벽에 전지를 붙여놓고 비즈니스 모델 캔버스의 모형을 그린다.
- 팀별로 아이디어를 내고 포스트잇에 내용을 써서 캔버스에 붙인다.
- 마지막 수업에서 발표한다.

일단 외형만 보면 팀플레이에서부터 아이템 도출, 비즈니스 모델 수립, 프레젠테이션으로 이어지는 환상의 커리큘럼처럼 보인다. 게다가 강연을 주최하는 입장에서 보면 결과보고서에 멋진 사진을 넣을 수 있어 금상첨화다. 오른쪽 사진을 보라. 뭔가 하는 것 같지 않은가?

하지만 문제는 과연 이게 얼마만큼 실효성이 있느냐이다. 큰 도화지를 벽에 붙이고 팀별 아이디어를 도출하는 과정은 솔직히 나쁘진 않다. 하지만 고작 이런 걸로 팀원 각자가 가지고 있는 지식, 경험의 한계치를 벗어날 수 있을까?

아직 학술적으로 명확한 개념 정의가 이루어지진 않았지만, 비즈니스 모델은 '수익구조'와 '비용구조'를 구성하는 요소들 간의 관계로 설명될 수 있다.

그런데 비즈니스 모델 캔버스 같은 아이디어 도식화 작업은 이미 진행 중인 사업 아이템을 놓고 팀원들 간의 커뮤니케이션 수단으로서의 의미가 크다. 물론 수익구조를 구성하는 요소들 간의 관계를 성찰하면서 새로운 사업아이템을 발굴할 수도 있을 것이다.

하지만 '아는 만큼 보인다'는 말이 있지 않은가. 초기 창업팀에게 큰 도화지 한 장과 포스트잇 한 뭉치를 던져주며 화두를 물고 늘어지라는 모양새란 뭔가 이상해도 한참 이상하다. 도 닦는 것도 아니고….

그러니까 비즈니스 모델 캔버스든 린스타트업 캔버스든, 사업계획에 필요한 정보의 수집과 가공 과정, 즉 백데이터 확보과정을 거치지 않는다면 단순한 아이디어 도출과정 그 이상도 그 이하도 아니라는 의미. 물론 백데이터만 죽어라 확보하는 것도 옳지 않다. 비즈니스 모델 도식화 작업은 전체 숲을 조망하는 데 매우 탁월한 방법이므로 적절히 활용할 필요가 있다.

실제로 나는 창업대학원에서 기술창업을 공부하며 나무만 들입다 파대는 학우들을 많이 봤다. 아니 대부분 그렇게 공부했다.

예를 들어 시장 세분화 작업을 하는데, 이게 전체 기술창업 과정에서 어디에 위치하는지, 왜 하는지, 경영학의 세분화와 무슨 차이가 있는지 알지 못한 채 교수님이 숙제 내준 워크시트의 빈칸만 신나게 채우는 것이다. (다행이 난 창업대학원에 다니면서 모 대학의 창업실무 교과목을 강의했고 현재 재직하는 ㈜레이다솔루션의 사업계획서 기본 작업을 직접 했기 때문에 숲과 나무를 동시에 살펴볼 기회가 있었다.)

비즈니스 모델이 대체 뭐라고 마치 창업무림의 절대고수들이 휘두르는 필살기라도 되듯 우상화하지 마라. 핵심은 백데이터 작업과 비즈니스 모델, 사업계획의 구성요소들 간의 경계를 유기적으로 넘나들 수 있어야 한다. 창업교육을 받는 사람이건 가르치는 사람이건 간에 말이다.

셋째, '리얼한' 사업계획서를 목표로 한다

창업 분야의 서적 중 최근 봇물 터지듯 나오는 책이 '정부지원금 활용법'과 관련한 책이다. 이런 책들을 보면 평소 창업교육 판에서 눈여겨봤던 인간들의 면면을 살필 수 있다. 십수 권의 정부지원금 활용법

책 중에 실제 사례, 즉 사업계획서를 분석한 책이 몇 권이나 있는지 살펴보라.

'거의 없다'.

중소기업청에서 홍보물로 제작한 책인지 아닌지 헷갈리는 책들이 대부분이다. 이런 책들을 보며 정부지원금을 활용하는 건 마치 고등학생에게 한자 가득한 80년도판 육법전서를 한 권 주고, 한자 찾아가며 판례분석하고 소송하라는 것과 다름없다.

사람들이 변호사를 찾아가 돈을 내는 이유가 무엇인가. '나는 육법전서 같은 건 모르겠으니 돈을 지불하겠다. 대신 공부 열심히 한 당신들이 궁금한 걸 알려주고 소송을 하든 안 하든 그 돈에 상응하는 서비스를 해달라'는 거 아니겠는가.

그런데 시중의 정부지원자금 관련 책들을 보면, 중소기업청 사업공고문 짜깁기 해놨으니 인쇄비 달라는 꼴이다. 그리고 책 냈으니 저자란다. 좀 더 오버하면 정책자금 전문가란다.

전문가는 디테일로 승부해야 한다(디테일하게 짜깁기하는 것 말고…). 정책자금 제도에 대해 설명하려면 각 제도가 어떤 배경을 가지고 있고, 이러한 제도들이 각각 어떤 아이템을 가진 창업자에게 적합한지 비교·분석되어져야 한다. 그리고 이를 위해서는 실제 사업계획서가 함께 분석되어야 한다.

나와 함께 일하는 파트너인 ㈜폴리앤파트너스 이종훈 대표는 지금도 정책자금 컨설팅을 하며 사례를 분석하고 수집한다. 3년째《정부지원금 가이드》,《창업지원금 가이드》란 책을 출간하고 있는데, 그 책에 보면 창업자가 정부지원금을 활용할 수 있도록 지원자금 특성별 매트릭스가 잘 정리되어 있고, 중소기업의 양해를 구해 정리한 실제 사업계획서가 함께 수록되어 있다.

최근 이 대표와 함께 테크노파크 주관으로 해당 지역 중소기업의 정부지원자금 활용을 위한 사업계획서 코칭을 함께 진행했는데(회사 기획담당자들 및 대표들이 각자의 백데이터 자료를 가지고 오면, 이를 바탕으로 3일간 컴퓨터 앞에 앉아 사업계획서 작성을 하는 과정이다), 짜깁기 능력만으로는 절대 이런 교육을 할 수 없었을 것이다.

참, 여기서 '창업자가 스스로 매출을 올릴 생각을 해야지, 왜 정부지원금에 의존하는가'라는 의문을 갖는 독자들이 있을지 모르겠다.

내가 있는 대덕특구 내에도 이런 정책자금에 '만' 의존하는, 즉 흔히 말하는 '페이퍼 컴퍼니paper company'가 꽤 있다고 알려져 있다. 이런 업체는 당연히 문제가 있다.

하지만 구더기 무서워서 장 못 담그랴. 페이퍼 컴퍼니로 인한 정부지원자금 제도의 문제점은 분명 있겠지만 창업기업, 특히 제조업을 기반으로 한 기술벤처는 외부 투자자금이 없으면 제품 개발은 꿈도 못 꾸는 현실이다.

우리 회사도 'HF 해양레이더' 시제품을 만들어놓고 제품화를 하지 못하고 있다. 기존 해양레이더는 미국에서 거의 전량을 수입하는데다 고장도 잦아 수리 한 번 하려면 기약 없이 기다려야 한다. 국산화 필요성이 절실한 것이다. 그런데 도대체 왜 못하는가.

자금이 없다.

벤처 캐피탈리스트VC, Venture Capitalist들을 찾아가보면 B2G 모델이라 불안하단다. 게다가 창업한 지 2년이 지났는데 왜 매출이 없냐고 묻는다. 그리고 어디서 주워들은 건 있어 가지고 린스타트업의 최소요건제품MVP을 만들어 시장에 뿌려보라는 어처구니없는 '놈'들도 있다. 3억 원짜리 제품인데, 최소요건제품은 대체 얼마를 가지고 만들어야 하냔 말이다.

이런 소리를 들으면 "니들은 그냥 실리콘밸리로 가세요."라고 말해주고 싶다. 상황이 이럴진대, 정부지원자금 고민할 시간에 매출을 고민하라고? 일단 제품이 나와야지! (하지만 안타깝게도 정부지원금 심사위원 중 상당수가 벤처 캐피탈리스트로 충원되었다는 소문이 들린다.)

창업가에게 사업계획서는 왜 중요한가? 그 이유는 여러 가지가 있겠지만, 일단 스스로 자신의 아이템을 검증해보기 위해서이고, 그 다음은 투자를 받기 위해서이다. 스스로 자신의 아이템을 검증해보는 건 하든 말든 각자 알아서 할 일이지만, 누군가에게 투자를 받으려면 꼭 사업계획서가 있어야 한다.

다행이 최근에는 엔젤펀딩 자금이 많이 생겨서 자금 압박에 시달리는 초기 창업자들의 환경이 나아지고 있기는 하다.

어쨌든 창업을 하려면 이유 불문하고 '사업계획'이 가장 중요하지만, 이는 사업계획'서'로 표현되어야 하고, 이 책은 바로 이를 목표로 하고 있다는 점이다.

사업계획은 어떤 과정으로
구체화되는가

앞서 나는 창업자가 해야 할 일은 '생각하기', '사람만나기', '사업계획서 작성하기'이며, 사업계획서를 작성하기에 앞서 '사업계획'을 잘 세우는 것이 중요하다고 했다.

그리고 엔지니어가 스타트업 창업을 준비할 때 '기존의 접근방식과 다른 관점에서 고민'을 해야 하는 이유로 두 가지를 들었다.

첫째, B2B와 B2G 모델이 많은 기술창업에 있어서만큼은 창업 아이템을 선정하고 검증하는 과정에서 기존 비즈니스 모델 분석도구를 활용하거나 적용하는 것이 힘들다는 것.

둘째, 기존 비즈니스 모델 분석도구를 활용하는 것이 결국 사업계획의 초기단계인 아이디어 구상의 범주를 넘어서지 못하는 한계가 있다는 것.

그래서 이 책에서는 창업자가 사업계획을 수립하는 과정에서 수행하는 아이디어 검증, 비즈니스 모델링, 전략수립, 백데이터 확보 등의 작업을 '기술창업자의 관점'에서 제시할 것이며, 이러한 일련의 과정을 구체적인 사례와 함께 알려주고자 한다.

이 책에서 제시할 기술창업을 위한 일련의 절차나 방법을 그림으로 나타내면 표3과 같다. 이 순서대로 차근차근 하나하나 짚어보도록 하자.

표3 **엔지니어가 스타트업을 하는 과정**

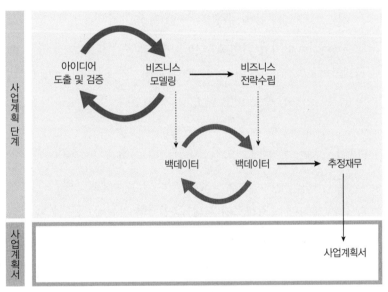

- 아이디어 도출 및 검증 단계　기술창업자가 보유한 기술에 대한 시장 정보를 '개괄적으로' 파악하고, 거래방식에 따른 기술적용 제품과

서비스를 도출한다. 그리고 린스타트업에서 언급되는 제품위험과 경로위험을 가볍게 검토한다. 이 단계는 좀 더 면밀한 비즈니스 모델링 작업을 위한 것으로, 캔버스◆를 통해 내가 가진 아이디어를 기술창업 관점에서 신속하게 검토해볼 수 있다. (Part2 참조)

• **비즈니스 모델링 단계** 아이디어 도출 및 검증 단계를 통과한 아이디어를 비즈니스 모델 구성요소에 따라 정리해보는 과정이다. 이 역시 캔버스 작업을 통해 수행할 수 있으며, 아이디어 도출 및 검증 단계를 통해 정리된 아이템을 비즈니스 모델 구성요소에 따라 정리해가며 아이템을 추가검증하게 된다. 이 과정을 통해 초기아이템이 업그레이드될 수도 있고 변경·폐지될 수도 있다. (Part3~6 참조)

• **비즈니스 전략수립 단계** 비즈니스 모델링 작업이 끝나면 전략수립 단계로 넘어가는데, 이 책에서는 '비즈니스 모델'과 '비즈니스 전략'을 구분하여 설명하고자 한다. 경영전략 컨설팅 실무서 중 하나인《경영전략 수립 방법론》(김동철·서영우, 2008)에 의하면 "전략의 수립절차 및 구성은 각 회사의 경영환경과 내부조직·인적구성 및 성과, 경영자의 의지 등에 따라 매우 달라지므로 정확히 '이런 것이다'라고 정의하기 힘들며, 이러한 점들로 인해 경영전략론 서적들이 일반론에 치우쳐 있다."고 지적하고 있다. 맞는 말이다.

그래서 이 책에서의 창업 비즈니스 전략은 기술개발전략, 생산전략, 판매전략, 인력수급전략을 그 내용으로 했다. 이는 사업계획의 최종단계인 추정재무 작업의 근거로 유기적으로 활용하기 위함이다.

하지만 비즈니스 모델링과 비즈니스 전략수립의 전 과정을 캔버스를 통해서만 작성하는 것은 실익이 크지 않다.

앞서 말했듯이 창업팀 구성원 간의 커뮤니케이션과 창업 구성요소 간의 맥락을 파악하는 데에는 도움이 되겠지만, 자칫 잘못하면 아이디어 도출을 위한 브레인스토밍 작업에 그치기 십상이기 때문이다. 혹은 팀원 각자의 경험치 이상의 결과물output을 도출하기 힘들수도 있다.

따라서 이 단계에서의 캔버스 작업은 구성요소 간의 맥락을 염두에 둠과 동시에, 세부적인 백데이터가 도출될 수 있도록 해야 하며, 실제 재무 추정은 이러한 백데이터를 근거로 해야 할 것이다. (Part7 참조)

위와 같은 일련의 사업계획 과정을 거쳐 기술창업 혹은 기술사업화에 필요한 정보들이 백데이터로 가공되어야 아이템을 검토하여 확정짓고, 투자유치에 필요한 사업계획서를 신속하게 작성할 수 있을 것이다.

이 책에서 다루는 기술창업, 다시 말해 스타트업의 사업계획은 이 모든 과정을 포함하고 있다.

이번 장은 창업자가 본격적인 사업계획 작업을 하기 전에 내 아이템에 대해 가볍게 스케치하는 과정이다. 창업의 유형을 단순하게 나누자면, 내 돈으로 창업하는 유형과 투자자의 돈으로 창업하는 유형이 있다.

사업계획은 모두에게 중요하지만 전자는 굳이 내 사업계획을 누군가에게 알려주기 위해 애를 쓸 필요는 없다. 하지만 후자는 다르다. 투자유치를 위해 내 사업계획을 누군가에게 제대로 보여줄 수 있어야 한다. 사업계획서가 꼭 필요한 것이다.

그래서 어떤 창업특강에서든 "창업 아이디어가 있나요? 그렇다면 사업계획서를 꼭 써보세요."라고 말하는 것이다. 이때의 사업계획서라 함은 사업계획'서'가 아닌 사업계획의 중요성을 언급하기 위한 것이다. 하지만 아이디어가 생길 때마다 사업계획서를 쓸 수는 없다. 이를 쓰자면 시간과 에너지가 많이 소요되는데, 한정된 자원을 가진 스타트업 창업자가 아이디어가 떠오를 때마다 이런 에너지를 쏟을 여유란 찾기 어렵기 때문이다. 그래서 아이디어가 생기면 빠르고 가볍게 사업성을 검토할 수 있어야 한다.

내 아이디어를 빠르게 검토해보고 가볍게 스케치를 해보는 과정. 그것이 이번 장에서 해야 할 일이다.

아이디어 도출 및 검증 단계

스 타 트 업 이

겪 는

위 험 을

검 토 하 라

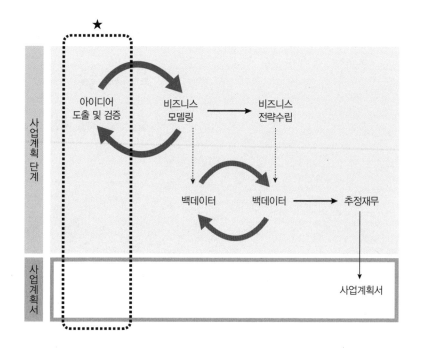

★

사업계획 단계

아이디어 도출 및 검증 → 비즈니스 모델링 → 비즈니스 전략수립

백데이터 ← 백데이터 → 추정재무

사업계획서

사업계획서

시장, 제품, 경로 위험과
아이템 검증

아이디어 도출 및 검증 단계에서는 간단한 도구를 활용하여 《린스타트업》(애시 모리아, 2012)에서 언급된 스타트업이 겪는 세 가지 위험을 검토할 것이다. 애시 모리아는 이를 세 개의 범주로 분류하여 설명하고 있다.

- **제품위험** 제대로 된 제품을 만드는 것
- **고객위험** 고객에게 도달하는 경로를 구축하는 것
- **시장위험** 존속할 수 있는 사업을 구축하는 것

기술창업의 경우 위의 세 가지 위험을 검토함에 있어 고려할 사항이 있다.

첫째, 위험성과 사업성을 '빠르게' 검토하라

기술창업자는 막연하게나마 자신의 기술을 적용한 제품과 서비스, 더 나아가 고객까지 생각해놓은 상태에서 사업계획을 진행하는 경우가 대부분이다. 그래서 이 단계에서는 초기아이템의 사업화 과정에서 부딪칠 수 있는 위험성을 검토하면서 기존 아이디어를 업그레이드해야 한다. 물론 이 과정에서 기존 아이디어를 철회할 수도 있다.

혁신적인 솔루션이라 생각했지만 기존 솔루션에 비해 비교우위가 약한 경우도 있고, 생각했던 것만큼 시장 규모가 크지 않아 투자유치를 받기 힘든 아이템일 수도 있으며, 아직 시장이 형성되어 있지 않아 시장진출에 대한 리스크가 높은 등 생각지도 못했던 사업화 저해요소들이 생겨날 수도 있기 때문이다.

그러나 이 단계에서 모든 위험을 자세히 검토할 수는 없으므로 모듈별로 끊임없이 위험성을 검토하도록 한다. 단 초기아이템의 사업화 진행 시에는 위험성을 '빠르게' 검토해야 그 실익을 거둘 수 있다.

둘째, 아이템의 투자 매력도를 판단하라

기술창업은 사업 매력도를 판단하는 관점이 소상공인 아이템과는 많이 다르다. 그중 가장 큰 차이가 소상공인 창업에 비해 상대적으로 많은 자금을 외부에서 유치해야 한다는 점이다.

기술창업은 자기담보에 의한 대출자금이 외부 자금의 대부분을 차지하는 소상공인 아이템의 경우와 달리, 정부출연자금이나 엔젤투자 자금을 유치할 수 있는 경로가 다양하다.

이때 투자자는 무엇을 보고 투자를 결정할까?

투자대상 아이템이 소위 말해 '뜨는 분야'에 속해 있는지가 중요한 이유가 바로 여기에 있다. 아무리 훌륭한 기술을 적용한 아이템이라 할지라도, 해당 아이템이 전체 산업의 트렌드에 역행하는, 다시 말해 산업 매력도가 현저히 떨어진다면 투자유치는 요원해진다.

따라서 아이디어 도출 및 검증 단계에서는 산업의 매력도와 함께, 전체 산업의 현황을 대략적으로나마 조사해야 할 것이다. (이는 이후 비즈니스 모델링 단계에서 워크시트 작업을 통한 백데이터 작업을 통해 보완된다.)

셋째, 기술역량을 활용하여 고객의 문제를 해결하라

기술창업의 경우 현실적으로 기술로부터 아이템 도출작업이 시작되는 경우가 많다. 물론 고객의 문제를 인식한 후 이에 대한 차별화 솔루션으로서 아이템을 도출할 수도 있지만 대개는 '좋은 기술을 활용한 높은 성능의 아이템이니 잘 팔릴 것'이라는 가정을 근거로 한, 다시 말해 기술 중심 혹은 제품 중심의 아이템 기획이 주를 이루는 것이다.

하지만 이러한 사업아이템 접근 방법은 시장에서 실패할 확률이 높다. 그래서 최근 창업교육에서는 기술과 제품 중심이 아닌, '고객의 문제'를 중시하고 있다.

그러나 기술창업자에게는 '고객의 문제' 역시 기술로부터 시작할 수밖에 없다. 내가 가진 기술을 활용할 수 있는 솔루션을 검토함과 동시에 해당 고객의 문제점을 살펴볼 수밖에 없다는 뜻이다. 내게 지금 차별화된 기술역량이 있는데, 굳이 이를 배제해놓고 아이템을 고민할 필요는 없기 때문이다.

　그래서 내가 가진 기술역량을 활용할 수 있는 솔루션을 최대한 많이 브레인스토밍하되 이러한 솔루션이 고객의 어떤 문제를 해결할수 있는지, 사업화하는 데 장애물은 어떻게 극복해야 할지 등을 '신속하게' 파악하는 것이 중요하다.

아이디어 도출 및 검증 작업의 과정

제품·고객·시장위험을 검토함에 있어 위 세 가지 사항을 고려하게되면, 다음과 같은 과정으로 '아이디어 도출 및 검증' 작업을 수행하는 것이 바람직함을 이해하게 된다.

표4　아이디어 도출 및 검증 작업의 과정

시장위험 검토

린스타트업 방법론에서는 시장위험을 "존속할 수 있는 사업을 구축하는 것"으로 표현했다. 이는 창업자가 존속가능하고 확장가능한, 즉시장매력도가 있는 사업을 만들기가 힘들다는 의미다.

이와 관련하여 아이디어 도출 및 검증 단계에서는 창업 전 기술시장의 규모와 성장성을 살펴보는 것으로 어느 정도의 시장위험을 점검할 수 있을 것이다.

시장의 규모와 성장성은 시장매력도를 판단하는 매우 중요한 기준이며 이는 산업분석보고서와 같은 시장자료 등을 통해 조사가 가능하다. (이번 장 뒤에 이러한 자료를 찾아볼 수 있는 리스트를 정리해놓았다. 참고하기 바란다.)

제품 및 서비스 브레인스토밍

엔지니어가 창업을 결심하게 되면, 나름대로 비즈니스 모델을 만들게 된다. 하지만 비즈니스를 진행하다 보면 아이템을 변경해야 하는 경우가 왕왕 생긴다. 우리 회사도 최근 아이템을 수정하였는데, B2G 거래방식에 치우쳤던 그간의 비즈니스 모델을 개선해야 할 상황에 맞닥뜨렸기 때문이다.

창업자가 아이템을 변경하게 되는 이유는 다양하다. 머릿속으로 그려놓았던 로드맵이 현장에서 꼬이게 될 때 또한 그중 하나에 해당한다.

이상적인 기술사업화의 모습은 고객의 문제를 포착하고 이에 대한 솔루션으로서 기술을 개발하는 것이다. 그러나 기술창업의 경우 이런 예는 거의 없다고 해도 과언이 아니다.

대부분은 내가 가진 기술역량을 활용한 솔루션(제품·서비스)을 먼저 생각하고, 내 솔루션이 과연 시장의 문제를 해결할 수 있는지, 혹은 내가 생각한 시장의 문제가 과연 진짜 문제인지를 고민하게 된다.

즉 고객의 문제로부터 시작하는 아이템 도출이라는 이상과는 다르게 기술창업의 현실은 내 기술로부터 시작하게 되는 것이다.

그래서 현실적으로 기술창업의 초기아이템에 대한 브레인스토밍은 기술적용 제품을 도출해보는 것이 효율적이다.

제품위험 검토

린스타트업 방법론에서 스타트업 창업자가 겪는 세 가지 위험 중 하나는 제품위험인데, 이는 창업자가 제대로 된 제품을 만들기 힘들다는 의미다.

그렇다면 제대로 된 제품은 대체 무엇이란 말인가? 다음 두 가지 기준을 가지고 판단해볼 수 있겠다.

- 고객의 문제가 존재하는가
- 고객의 문제를 내가 해결할 수 있는가

질문이 있어야 답이 존재하듯 제품 및 서비스, 즉 솔루션은 시장(고객)의 문제를 전제로 한다. 그리고 이 문제가 심각할수록 솔루션에는 '가치Value'가 부여된다.

다만 앞 단계에서 거래방식에 따라 기술적용 솔루션을 먼저 브레인스토밍했던 이유는 고객 문제의 중요성을 간과한 것이 아니라, 오히려 아이디어 도출 및 검증 과정의 원활한 진행을 통해 고객의 문제를 더욱 잘 파악하기 위해서이다.

이렇게 시장의 문제를 인지하였고 솔루션을 도출해내면서 "시장의 문제를 과연 '내가' 해결할 수 있는가?"란 질문에 대해 생각해야 한다.

사실 고객의 문제는 다른 사람도 인지하고 있을 수 있다. 중요한 것은 '내가 그 문제를 해결할 수 있는가'이다. 이 질문에 대해서는 경쟁자에 비해 나만이 가지고 있는 비교우위 요소도 살펴보아야 한다. 하지만 아이디어 도출 및 검증 단계에서는 일단 나의 문제해결 능력만 검토한다. (자세한 사항은 비즈니스 모델링 단계에서 살필 것이다.)

만약 나 혼자 문제를 해결할 수 없다는 판단이 들면 협력자, 즉 파트너를 찾아야 한다. 물론 이때도 파트너와의 협상력을 검토해야 할 것이다. (이 역시 비즈니스 모델링 단계에서 다룬다.) 어쨌든 제품위험을 검토할 때 명심할 것은 '내 아이템과 역량'에 집중해야 콘셉트 도출을 빠르게 시작할 수 있다는 것이다.

경로위험♦ 검토

제품과 서비스를 시장에 출시하기만 하면 팔리는 시대는 이미 지났다. 정보통신기술 분야에서는 신기술 개발 후 3개월만 지나면 더 이상 기술의 차별성을 찾기 힘든 상황이다. 그래서 나의 솔루션을 고객에게 도달할 수 있게 하는 경로구축이 더욱 중요해지고 있다. 물론 가장 어려운 일이기도 하다. 특히 엔지니어에게는.

업계에서도 회사설립 전 가장 먼저 영입해야 할 멤버가 영업이사란 말이 있다. 그리고 능력이 출중한 영업이사는 '말도 안 되는' 솔루션도 마구 팔아치울 수 있다는 말도 있다.

엔지니어 출신의 스타트업 창업자들도 이러한 '영업과 판매'가 얼마나 중요한지 잘 인지하고 있다.

> ♦ **경로위험** 린스타트업에서는 이를 '고객위험'이라 한다. 그러나 직관적인 이해를 돕기 위해 경로위험으로 칭했다.

제품 및 서비스 아이디어 도출 회의. 사진은 전자통신연구원 내에 소재한 필자의 사무실이다. 공학박사로 구성된 연구원들이 회사의 신사업 아이템 도출 및 솔루션을 브레인스토밍 중이다. 여기서 기술적용 솔루션을 나열할 때 B2C, B2B, B2G 모델을 기준으로 한다면 브레인스토밍을 좀 더 체계적으로 할 수 있게 된다.

하지만 당장 급한 기술개발에 몰입한 나머지 고객경로 구축과 관련해서는 아무런 활동도 하지 못하는 경우가 허다하다. 좀 더 나은 솔루션 개발에 대한 의욕 때문에 머릿속에서는 '고객에게 접근해야 하는데….' 하면서도 몸이 움직이지 않는 것이다.

하지만 아무리 '좀 더 나은 솔루션 개발에 대한 욕심'이 있더라도 그것이 팔리지 않거나 투자를 받지 못하는 상황에 대한 변명거리는 되지 못한다. 생존과 직결되는 문제가 아닌가.

스타트업 기업은 창업 1년 내 매출을 올리는 것이 관건이다. 예비창업자의 경우에는 매출이 없을 수밖에 없기에 사업계획서만으로도 투자금을 유치할 수 있지만, 사업자 등록 개시 후 1년 내에 매출이 발생하지 않으면 그 이후의 투자유치는 사실상 요원하다고 봐야 한다.

따라서 만약 당신이 예비창업자라면 사업개시 전에 반드시 매력적인 비즈니스 모델을 구축해야 할 것이며, 이때 가장 중요한 것이 고객접점의 확보이고, 이 고객접점에 도달하기 위한 '경로구축'을 빼먹어서는 안 된다.

다만 아이디어 도출 및 검증 단계에서는 중요한 사항을 가볍게 스크린 하도록 하고, 향후 비즈니스 모델링 작업과 백데이터 작업을 통해 좀 더 심도 깊은 경로구축 작업을 하면 된다. (아이디어 도출 및 검증 단계에서의 경로위험 필터링도 통과하지 못하는 아이템은 당연히 비즈니스 모델링 단계에서의 검증이 불가할 것이다.)

참고로 아이디어 도출 및 검증 단계에서의 가벼운 경로위험 검토는 향후 비즈니스 모델링 작업의 효율성을 높여주는 효과도 있다.

'구슬이 서말이라도 꿰어야 보배'다. 아무리 이론으로 무장을 했다 하더라도, 달달 외워 시험을 볼 것이 아니라면, 앞서 설명한 '아이디어 도출 및 검증' 과정이 어떻게 적용되는지 알아야 자신의 경우에 맞게 변형하여 적용할 수 있을 것이다.

이제 나는 기술창업을 염두에 둔 이들이 현장에서 활용할 수 있는 방법론으로 캔버스와 워크시트를 제시하고자 한다. 뒤에서 설명할 비즈니스 모델링, 전략·추정재무 과정에서도 마찬가지로 핵심개념을 토대로 캔버스와 워크시트를 제시할 것이다. 이를 캔버스 트랙과 워크시트 트랙이라 부르자. 자세한 내용은 다음과 같다.

- **캔버스 트랙** 이 책에서는 T-캔버스가 주로 사용된다. 현재 진행 중인 사업 내용을 점검하거나 초기아이템을 빠르게 검토하며 사업을 계획할 때 활용한다. 최소 7시간 교육, 혹은 2~3일 간의 워크숍에서 활용할 때 유용하다.
- **워크시트 트랙** 본격적으로 사업계획서를 작성하기 위한 과정으로 사업계획을 심도 있게 준비, 검증하며 백데이터 확보를 목적으로 한다. 캔버스 트랙에서 다루는 T-캔버스의 구성요소와 관련한 백데이터 워크시트이기 때문에, 캔버스 트랙을 먼저 검토한 후 워크시트 트랙을 진행한다. 워크시트 트랙은 사업계획서

작업을 심도 있게 수행하는 데 활용되며, 내 경우 개별 코칭 및 컨설팅에도 활용하고 있다.

표5 스타트업 단계별 캔버스 트랙과 워크시트 트랙 세부내용

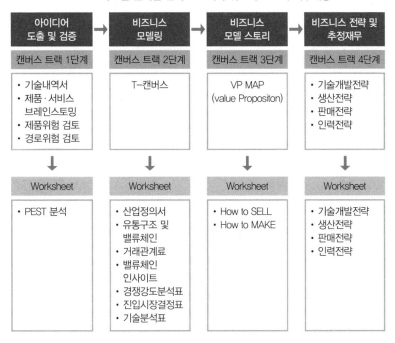

캔버스 트랙과 워크시트 트랙은 함께 이루어지는 것이 바람직하다. 이는 각각의 트랙이 서로 유기적으로 연결되어 있기 때문이다. 다만 시간이 부족하다면 워크시트 트랙을 참고하여 캔버스 트랙만을 진행해도 좋다.

캔버스 트랙

기술창업의 경우 보통 자기기술 역량에 기반한 아이템이 많기 때문에 '기술' 검토 항목을 가장 먼저 배치했다. 그러나 아이디어 도출 및 검증 단계이니만큼, 기술에 대한 자세한 내용은 비즈니스 모델링 단계에서 다루고 다음의 내용 정도만 검토하도록 한다.

기술내역서 작성방법 및 사례

시장자료 등을 살펴 기술시장 및 관련 내용을 정리한다. 기술내역서 작업 시 염두에 둘 사항은 '기술과 제품을 구분한다'는 점이다. 고객은 기술을 사는 것이 아니라 제품을 구매한다. 많은 엔지니어 출신 창업자가 기술과 제품을 구분하지 못하여 매력적인 제품·서비스임에도 아이템 전달력이 떨어지는 경우가 많다. 비전문가들도 이해할 수 있도록 기술에 대해 서술하는 작업 역시 같은 맥락에서 진행하도록 한다.

양식　**기술내역서**

항목	세부내용
기술명 (전문가 용어)	기술명, 학명 기재
기술설명 (전문가 입장)	해당 분야 전문가들이 사용하는 용어로 서술
기술설명 (비전문가 입장)	일반인들도 쉽게 이해할 수 있도록 서술 (기능과 성능 위주 서술)
구현기능 및 성능	해당 기술로 어떤 기능과 성능 구현이 가능한가?
기술시장 규모	시장자료를 활용하여 기술적용 솔루션 시장의 규모를 조사
기술시장 성장성	성장성 조사
현재 구현 예상 중인 솔루션	내 기술을 활용하여 사업화하려는 솔루션(제품·서비스)

항목	세부내용
기술명 (전문가 용어)	FMICW 레이더 시스템 기술
기술설명 (전문가 입장)	FMICW 레이더 신호처리 핵심기술 및 응용별 후처리 기술
기술설명(비전문가 입장)	해양 및 대기의 물리현상을 관측하는 장치 및 방법
구현기능 및 성능	해류, 해풍감지를 통한 쓰나미 관측, 불법선박 관측
기술시장 규모	해양레이터 시장 약 300억, 강우레이더 시장 약 100억
기술시장 성장성	추정자료 없음
현재 구현 예상 중인 솔루션	해양레이터 및 강우레이터, 전리층 관측 레이더

제품·서비스 브레인스토밍

이미 구상한 기술적용 제품·서비스가 있는 경우라 하더라도 다음의 작업을 해보면 인사이트를 얻는 경우가 많다. 시장진입이 어려울 경우 새로운 아이템 기획의 단초가 되기도 한다.

작성예시 **제품·서비스 브레인스토밍**

	B2C 모델 기술적용 솔루션(제품·서비스)		
핵심기술 (FMCW 레이더 신호 처리 핵심기술 및 응용별 후처리기술)	자전거 레이더	자동차 레이더	해양 레이더 전략층 관측 레이더 강우레이더

제품위험 및 경로위험 검토

다음은 고객의 문제를 해결해줄 수 있는 가치있는 해법(제품·서비스)을 구축할 수 있는지, 내 해법을 고객에게 전달할 만한 채널이 있는지 검토하는 과정이다. 사업수행에 필요한 구성요소를 아이템 초기 기획 시 가볍게 살펴보는 것이다. 각 항목에 대한 설명은 다음과 같다.

- 고객 : 가급적 내 솔루션(제품·서비스)을 '출시 즉시' 구매할 만한 사람
- 문제 : 고객은 어떤 문제를 해결하려고 솔루션을 구매하는가?
- 기존 해법 : 고객의 문제를 해결하기 위해 기존에 나와 있는 해법은 무엇인가? 제대로 해결해주고 있는가?
- 내 해법 : 내 해법은 무엇인가? 기존 해법보다 나은가?
- 채널 : 내 해법을 고객에게 전달하기 위한 방법은 무엇인가?

작성예시 제품위험 및 경로위험 검토

	고객	문제	기존 해법	내 해법	채널
B2B 모델 기술적용제품 (자전거 레이더)	자전거 동호회원	후방감지 필요성 존재	백미러	자전거 장착 레이더	자전거 유통업자
B2B 모델 기술적용제품 (자동차 레이더)	자동차 전장부품 업체	레이더 감지 가능 시야각이 좁음	시야가 확보 되지 않는 사각에 부착 하여 보완	큰 시야각	전자부품 업체 구매 담당자 (채널접점)
B2B 모델 기술적용제품 (해양 레이더)	국립해양 조사원	전량 외산제 품 - 고장수리 힘듦	해외업체의 상황에 의존	즉시 해결	학회를 통한 인지도 확보 및 구매 담당 자 접촉

워크시트 트랙

워크시트 트랙에서는 먼저 기술 키워드를 활용하여 PEST 분석을 한다. PEST 분석이란 시장의 큰 흐름을 찾아내기 위한 거시적 환경요인 분석도구로 '정치적 Politics', '경제적 Economy', '사회문화적 Society-Cultural', '기술적 Technology' 환경을 분석하는 것을 말한다.

PEST 분석은 경제예측과는 다르다. 따라서 시장이 크게 성장(혹은 하락, 정체)할 것이라는 추세만 확인하면 될 뿐, 성장률이 구체적으로 몇 퍼센트인지 수치로 확인할 필요는 없다. 또한 자신이 속한 시장 혹은 산업의 환경을 살필 때 '자신의 상황'은 배제하고 분석한다.

다만 나는 PEST 분석을 본래의 취지대로 '나(창업자)의 상황을 배

재한' 거시적 환경요인 분석도구로 사용함과 동시에, 내가 가진 정보를 수집하고 분류하는 도구로도 사용하고 있다.

이런 경우 PEST 분석은 가급적 구체적인 추정 수치를 명확한 출처와 함께 기재하고, 자신이 속한 환경역시 고려하여 작업해야 한다.

다음은 기술 키워드를 활용하여 PEST 분석을 하는 과정으로 워크시트 작성은 아래와 같은 방법으로 이루어진다.

1. 색깔 펜을 준비한다.
2. 여러 신문과 잡지에서 경제분석 보고서 등의 텍스트를 읽으며 영역별로 색을 칠한다.
3. 워크시트에 옮겨 적되, 출처를 명확히 기입한다.
4. 정리된 정보가 자신의 사업에 긍정적인 영향을 미치면 +, 부정적인 영향을 미치면 -를 표기한다.
5. 세기 정도를 1~3점으로 정리하되 이는 나중에 작업해도 무방하다.

다음의 워크시트는 ㈜레이다솔루션의 해양레이더 시스템을 사례로 작업해본 것 중 일부이다.

작성예시 해양레이더 시스템에 대한 PEST 분석

	내용	긍정+ 부정-	세기	출처
P (정치·제도)	해양수산부에서는 향후 실시간 해수유동정보시스템을 위하여 2017년까지 총 80여 대를 구축 예정임	+	3	해양조사원 보고 (2010. 5)
E (경제)	현재 해수유동 정보 측정을 위해 (레이더보다 저렴한) 부이 등을 활용	-	1	해양학회, 0000년
S (사회·문화)	국내에 해양레이더 기술개발 전무, 해양레이더 기술난이도 가장 높음, 무인기 감시, 강우분포측정 등 다양한 분야 응용 가능	+	3	해양조사원 보고 (2010. 5)
T (기술)	해군 및 해경함정 초계활동, 잠수함 운항, 대잠작전 등 해양방위 활동과 잡적해역 어민보호를 위해 해수유동정보가 필요함	+	1	○○○일보, 2011

보다시피 위 워크시트는 PEST 분석의 극히 일부 모습이다. 참고로 내가 대학교에서 학생들을 대상으로 PEST 분석 수업을 할 때, 학생들이 제출하는 자료들은 대개 A4지로 40페이지가 넘는다.

PEST 분석을 할 때에는 각 항목별로 최대한 많은 자료를 모아야 한다. 앞으로 진행될 비즈니스 모델링, 전략수립 및 사업계획서 작업 시 계속 활용되기 때문이다.

PEST 분석 과정을 거치고 난 후에는 이를 통해 다음과 같이 'PEST 분석 요약표'를 만들어 기회요인과 위험요인을 분류하고 시사점[insight]을 정리하여 마무리한다.

작성예시 해양레이더 시스템에 대한 PEST 분석 요약표

	P(정치·제도)	E(경제)	S(사회·문화)	T(기술)
기회 요인	해양수산부에서는 향후 실시간 해수유통 정보시스템을 위하여 2017년까지 총 80여 대를 구축 예정임 −약 300억 시장 규모		해군 및 해경함정 초계활동, 잠수함 운항, 대잠작전 등 해양방위 활동과 접적해역 어민보호를 위해 해수유통정보가 필요함	국내에 해양레이더 기술개발 전무, 해양레이더 기술 난이도 가장 높음, 무인도 감시, 강우 분포 측정 등 다양한 분야 응용 가능
위협 요인		현재 해수유동정보 측정을 위해 (레이더보다 저렴한) 부이 등을 활용 − 가격경쟁력 있는 대체품 존재		
시사점	• 정부정책에 의존한 시장규모 산출 − 정부의 예산집행 여부에 따라 사업성패가 좌우됨 • 현재 해수유통정보 측정을 위해 사용되고 있는 부이와 비교작업 필요 • 레이더 시스템 1차 어플리케이션으로 구상 중인 해양레이더(300억 규모) 이후 2차 어플리케이션 고민			

산업구조 분석(Industry Knowledge Source)

출처 : 《경영전략 수립 방법론》(김동철 · 서영우, 2008)

경영 연구소

정부 유관기관	한국개발연구원	http://www.kdi.re.kr
	산업연구원	http://www.kiet.re.kr
	대외경제정책연구원	http://www.kiep.go.kr
	국회도서관	http://www.nanet.go.kr
	국립중앙도서관	http://www.sun.nl.or.kr
	통계청	http://www.nso.go.kr
그룹 경제연구소	삼성경제연구소	http://www.seri.org
	LG경제연구소	http://www.lgeri.com
	현대경제연구소	http://www.hri.co.kr
	한국신용평가정보(Kis-Line)	http://www.kisline.co.kr
	http://www.kislinc.com	
	한국무역협회	http://www.kita.net
해외 유관기관	Dow Jones&Reuters Company	http://www.factiva.com
	LexisNexis	http://www.lexisnexis.co.kr
	JSTOR	http://www.jstor.org/search
	Proquest	http://proquest.umi.com/login

금융 산업

정부유관기관	한국은행	http://www.bok.or.kr
	금융감독원	http://www.fss.or.kr
	금융감독위원회	http://www.fsc.go.kr
	한국금융연구원	http://www.kif.re.kr
	한국증권업협회	http://www.ksda.or.kr
	예금보험공사	http://www.kdic.or.kr
	상호저축은행 중앙회	http://www.fsb.or.kr
	한국자산관리공사	http://www.kamco.or.kr
	자산운용협회	http://www.amak.or.kr
	금융경제원	http://www.kftc.or.kr
	재정경제부	http://www.mofe.go.kr
민간 금융연구소	삼성증권 리서치	http://www.samsungfn.com

민간 금융연구소	굿모닝신한증권 리서치	http://www.goodi.com
	우리투자증권 리서치	http://www.wooriwm.com
	현대증권 리서치	http://www.youfirst.co.kr
	대신증권 리서치	http://www.daishin.co.kr
	교보증권 리서치	http://www.iprovest.com
	미래에셋증권 리서치	http://www.miraeasset.com
	한국산업은행 리서치	http://www.kdb.co.kr
	하나금융경영연구소	http://www.hanari.re.kr
	대구은행 금융연구소	http://www.daegubank.co.kr
미국 금융감독기관	미국증권거래위원회	http://www.sec.gov
	미국연방준비위원회	http://www.federalreserve.go
	미국재무부	http://www.treas.gov
	미국예금보험공사	http://www.fdic.gov

통신/IT 산업

국내 유관기관	정보통신부	http://www.mic.go.kr
	정보통신정책연구원	http://www.kisdi.re.kr
	한국데이터베이스진흥센터	http://www.dpc.or.kr
	한국정보통신산업협회	http://www.kait.or.kr
	한국소프트웨어산업협회	http://www.sw.or.kr
	한국정보통신기술협회	http://www.tta.or.kr
	한국전자통신연구원	http://www.http://www.etri.re.kr
	정보통신연구진흥원	http://www.iita.re.kr
	한국경영정보학회	http://www.kmis.or.kr
해외 유관기관	ICD	http://idc.com
	Gartner	http://www.gartner.com
	마인드 브랜치	http://www.mindbranch.co.kr

철강/에너지 산업

국내 유관기관	한국철강협회	http://www.kosa.or.kr
	포철기연	http://www.posm.co.kr
	포스코 경영연구소	http://www.posri.re.kr
	한국철상신문	http://www.kmj.co.kr
	EBN 시틸튜스	http://steel.ebn.co.kr

해외 관련기관	IISI	http://www.worldsteel.org
	AMM	http://www.amm.com
	CRU Monitor	http://www.crumonitor.com
	Global insight	http://www.globalinsight.com
	MetalBullutin	http://www.metalbulletin.com

에너지 산업

국내 유관기관	산업자원부	http://www.mocie.go.kr
	기초전력공학공동연구소	http://www.er.re.kr
	대한석탄공사	http://www.kocoal.or.kr
	대한송유관 공사	http://www.dopco.co.kr
	대한광업진흥공사	http://www.kores.or.kr
	대한전기협회	http://www.electricity.or.kr
	석탄산업합리화 사업단	http://www.cipb.or.kr
	에너지 경제연구원	http://www.keei.re.kr
	한국석유공사 석유정보망	http://www.petronet.co.kr/index. jsp
	가스산업신문	http://www.enn.co.kr
	과학기술부	http://www.most.go.kr
	에너지관리공단	http://www.kemco.or.kr
	대한석유협회	http://www.petroleum.or.kr
	한국원자력안전기술원	http://www.kins.re.kr
	한국전력공사 전력연구원	http://www.kepri.re.kr
	한국지질자원연구원	http://www.kigam.re.kr
	한국환경평가정책연구원	http://www.kei.re.kr
해외 유관기관	American Petroleum Institute	http://www.api.org
	Argonne National Laboratory	http://www.anl.gov
	Center for Energy and Environmental Policy The University of Delaware	http://www.udel.edu/ceep
	Emest Orlando Lawrence Berkely National Laboratory	http://www.lbl.gov
	International Institute for Applied Systems Analysis	http://www.iiasa.ac.at

해외 유관기관	The Center for Renewable Energy and Sustainable Technology	http://solstice.crest.org
	The Institute of Energy Economics, Japan	http://www.ieej.or.jp

화학/섬유 산업

국내 유관기관	한국화섬협회	http://www.kcfa.or.kr
	한국섬유기술연구소	http://www.kotiti.re.kr
	석유화학공업협회	http://www.kpia.or.kr
	한국화학물질 관리협회	http://www.kcma.or.kr
	한국섬유산업연합회	http://www.kofoti.or.kr
	한국의류산업협회	http://www.kaia.or.kr
	대한방직협회	http://www.swak.org
	대한직물공업협동합 연합회	http://www.weaving.or.kr
	한국소모방직협회	http://www.woolkorea.or.kr
	한국패션협회	http://www.koreafashion.org
	한국부직포공업협동조합	http://www.nonwoven.or.kr
	한국섬유직물수출입조합	http://www.textra.or.kr
	한국섬유개발연구원	http://www.textile.or.kr
	한국섬유공학회	http://www.fiber.or.kr
	한국원사직물시험연구원	http://www.fiti.re.kr
	한국의류시험연구원	http://www.katri.re.kr
	TEXINFRA	http://www.texinfra.net
	염색정보센터	http://www.dyeing.co.kr
	염색가공기술센터	http://www.dyetech21.net
	한국염색기술연구소	http://www.dyetec.or.kr
	섬유정보센터(Textopia)	http://www.textopia.or.kr
	섬유패션정보시스템	http://fashion.keimyung.ac.kr
	국제패션디자인연구원	http://www.kookjefashion.com
	삼성패션연구소	http://www.samsungdesign.net
	직물정보	http://www.textile.or.kr

해양/조선/해운 산업

국내 유관기관	환경부	http://www.me.go.kr
	해양수산부	http://www.momaf.go.kr
	한국조선공업협회	http://www.koshipa.or.kr
	한국해양수산개발원	http://www.kmi.re.kr/index.asp
	한국해사문제연구소	http://www.komares.re.kr
	한국선주협회	http://www.shipowners.or.kr
	한국조선기자재연구원	http://www.komeri.re.kr
	한국선급	http://www.krs.co.kr
	해양시스템안전연구소	http://www.kriso.re.kr
	한국해양연구원	http://www.kordi.re.kr
해외 유관기관	PRS(Polski Rejestr Statkow)	http://www.prs.gda.pl
	NK	http://www.classnk.or.jp
	LR(Lloyd Register)	http://www.lr.org
	GL(Germanischer Lloyd)	http://www.germanlloyd.org
	DNV(Det Norske Veritas)	http://www.dnv.no
	BV(Bureau Veritas)	http://www.bureauveritas.com
	ABS(American Bureau of Shipping)	http://www.eagle.org
	클락슨(Clarkson)	http://www.clarkson.net
	캐나다 조선공업협회	http://www.shipbuilding.ca
	일본 조선공업협회	http://www.sajn.or.jp
	마린위크	marineweek.org
	국제해사기구	http://www.imo.org

건설 산업

국내 유관기관	건설교통부	http://www.moct.go.kr
	한국건설산업연구원	http://www.cerik.re.kr
	한국건설산업 품질연구원	http://www.kqici.re.kr
	건설산업비전 포럼	http://www.cvf.or.kr
	대한건축사협회	http://www.kira.or.kr
	대한토목학회	http://www.ksce.or.kr
	전문건설협회	http://www.kcn.or.kr
	한국건설가설협회	http://www.kaseol.or.kr

국내 유관기관	건설기술품질센터	http://www.kict.re.kr/tech
	대한건축학회	http://www.aik.or.kr
	한국시설안전기술공단	http://www.kistec.or.kr
	대한주택공사	http://www.jugong.co.kr
	한국토지공사	http://www.koland.co.kr
	건설기술교육원	http://www.kicte.or.kr
	대한건설협회	http://www.cak.or.kr
	대한주택협회	http://www.housing.or.kr
	건설저널	http://www.cerik.re.kr
	건설산업정보	http://www.bii.co.kr
	월간 엔지니어링 종합정보	http://www.engnews.co.kr
	대한설비건설협회	http://www.kmcca.or.kr
해외 유관기관	미국건성산업학회	http://www.construction-institute.org
	Construction Industry Research and Information Association(CIRIA)	http://www.ciria.org.uk
	RICE	http://www.rice.or.jp

컨설팅 산업

외국계	PwC	http://www.pwc.com
	Accenture	http://www.accenture.com
	IBMBCS	http://www.ibm.com/services/bcs
	Earnst&Young	http://www.ey.com
	Bearing Point	http://www.bearingpoint.com
	Mckinsey	http://www.mckinsey.com
	ATKearney	http://www.atkearney.com
	Booz · Allen&Hamilton	http://www.bah.com
	Boston Consulting Group	http://www.bcg.com
	Bain&Company	http://www.bain.com

비즈니스 모델링 본격 해부

'아이디어 도출 및 검증'을 한 후에는 비즈니스 모델링 단계를 거친다. 여기서 잠깐 비즈니스 모델링에 대한 본격적인 이야기를 진행하기 전에 이에 대한 개념 및 기존의 분석도구를 살펴보고자 한다. 이를 토대로 Part3부터 Part6까지 기술창업의 관점에 맞추어 비즈니스 모델링 과정을 거쳐야 보다 수월하게 전 과정을 습득할 수 있으리라 기대한다.

비즈니스 모델의 개념은 아직 명확히 정리되지 않았다.《비즈니스 모델의 탄생》으로 우리에게 잘 알려진 오스터왈드·예스 피그뉴어는 "하나의 조직이 어떻게 가치를 포착하고 창조하고 전파하는지 그 방법을 논리적으로 설명한 것"으로 정의했다.

여기서 흔히들 비즈니스 모델을 수익모델과 혼용하여 사용하는데, 이 둘은 엄연히 다르다. 수익모델은 비즈니스 모델이 수익을 창출하는 방법을 의미한다.

표6 비즈니스 모델 개념연구

연구자 연도	정의	주요 특징
Timmers (1998)	제품, 서비스, 정보흐름의 구조로서 다양한 비즈니스 참여자들과 그들의 역할, 참여자들의 잠재적 혜택과 수익의 원천을 설명해주는 것	• 가치사슬의 분해와 재결합, 즉 가치사슬의 요소를 확인하고 참여자들의 상호작용 패턴을 분석하여 가치사슬을 재구성 • 제품·서비스 정보흐름, 비즈니스 참여자들 간의 관계에 역점
Rappa (2000)& Rayport(1999)	비즈니스 모델은 회사가 가치사슬 안에서 어느 곳에 위치하는지를 정확히 함으로써 어떻게 돈을 벌 것인지 판독(상세히 설명)하는 것	• 수익원과 사업방식의 관점에서 비즈니스 모델을 정의 • 수익을 창출하는 방식과 수익창출과 관련된 비용에 초점 • 비즈니스 모델을 총 25개로 정의하고 이를 9개의 범주로 분류
Ethiraj et al. (2000)	고객가치를 창출하고 특정시장에서 성공적으로 경쟁하기 위해 고안된 조직목표, 전략, 프로세스, 기술, 구조를 포괄하는 요소들의 독특한 구성체	경쟁우위를 위한 전략적 관점에서 비즈니스 모델을 정의
Amit and zott	비즈니스 가치를 창출하기 위해 설계한 거래의 내용, 구조, 관리를 설명해주는 것	가치 창출 모델이라는 관점에서 비즈니스 모델을 정의
Afuahh and Tucci	기업이 고객에게 제공하는 가치, 가치를 제공하고자 목표 세분시장, 세분시장에 제공하고자 하는 제품 및 서비스의 범위, 수익원천, 고객에게 제공된 가치에 부여된 가격, 가치제공을 위하여 수행되는 제활동, 사업수행 능력, 기업의 현재 우위를 유지하기 위한 활동	수익창출을 위한 방법에 대한 계획으로 시스템 관점에서 그 구성요소와 구성요소 간의 관계성 관점에서 비즈니스 모델을 정의

출처 : 〈창업기업의 비즈니스 모델 타당성 평가방안의 이론적 고찰 : BMO 모델 응용 중심으로〉 정화영·양영석 논문

예를 들어 물품 판매를 수익모델로 하는 인터넷서점 같은 비즈니스 모델이 있겠고, 서비스 이용료를 수익모델로 하는 통신사, 숙박시설, 학원 같은 비즈니스 모델이 있는 것이다.

표6은 비즈니스 모델에 대한 여러 연구자들이 개념을 정리해놓은 것이다.

이처럼 비즈니스 모델에 대한 여러 개념들이 있지만, 나는 비즈니스 모델을 "사업개발·운영·확장에 필요한 구성요소와 이들 간에 논리적 모순이 없는 상태"라고 정리하고, 이 책에서는 이 개념을 토대로 스타트업 창업자들에게 각자의 창업 아이템을 비즈니스 모델링해볼 수 있도록 실제적인 내용을 보여주고자 한다.

앞에서 비즈니스 모델 도식화 작업에 대해 비판적인 언급을 하긴 했지만, 그럼에도 불구하고 도식화 작업은 유용하다.

일단 사업 운영에 필요한 구성요소에 대해 신속한 검토가 가능하고, 창업 팀원 간의 의사소통에 편리한 수단이 될 수 있기 때문이다. 그래서 나는 사업계획 수립 초기와 마지막에 비즈니스 모델 도식화 작업을 하곤 한다.

현재 대한민국 창업교육 현장에서 언급되는 비즈니스 모델링에 관한 방법론은 두 가지로 압축된다.

오스터왈드·에스 피그뉴어의 《비즈니스 모델의 탄생》에서 언급한 비즈니스 모델 캔버스, 애시 모리아의 《린 스타트업 : 실리콘밸리를 뒤흔든 IT 창업 마인드》 또는 에릭 리스의 《린 스타트업 : 지속적 혁신을 실현하는 창업의 과학》의 내용에 언급된 린스타트업 방법론이 그것이다. 물론 이 외에도 다른 방법론들이 있고, 비즈니스 모델 평가 프레임워크를 제시한 논문들도 다수 존재한다. (물론 논문 쓰는 사람 말고는 아무도 보지 않지만 말이다.)

그러나 이런 방법론을 누군가에게 배우며 접하다 보면, '아, 내가 스스로 방법론을 궁리해보는 것이 좋겠다'는 생각이 들 정도로 답답할 때가 있다. 가르치는 이들 대다수가 실제 '창업현장'에서 위 방법론을 활용해본 것이 아닌, 그저 스터디 혹은 독학으로 공부한 내용을 가르치기 때문이다.

B2B 모델인지, B2C 모델인지, B2G 모델인지에 따라 위 방법론의 구성요소를 달리 적용해야 할 상황이 있을 거고, 아이디어 창업인지 플랫폼 비즈니스 창업인지, 혹은 제조업 창업인지에 따라 그 구성요소를 변경해야 할 수도 있을 텐데, 교육을 받는 창업자나 가르치는 강사나 뭐가 뭔지 모르기는 매한가지인 경우가 부지기수다.

이뿐이면 그나마 괜찮다. 실제 창업교육 현장을 가만히 들여다보면, 똥인지 된장인지 모르는 것뿐만 아니라 똥이랑 된장을 막 섞어버리는 경우도 허다하다.

제조업 기반의 중소기업에서 오랜 경력을 자랑하는 한 창업강사는 소상공인 창업자에게 계속 기술의 독특성을 찾고 시스템을 만들어야 한다고 강조한다. 그래야 투자를 받아 5년 내에 기업공개해서 투자금을 회수할 수 있단다.

그러나 소상공인 창업자들 대다수는 기업공개가 뭔지도 모른다. 그냥 4인 가족 행복하고 편안하게, 즐겁고 자유롭게 일할 수 있으면 되는데, 자꾸 코스닥 상장기준에 적합한 수익구조를 생각하라고 하니

미칠 노릇일 밖에….

이와 반대의 경우도 있다.

떡볶이 장사로 대박난 한 창업강사는 기술벤처 창업자에게 고객사 사무실에 찾아가 빗질이라도 하란다. 진정성을 보여줘야 재구매가 일어난다나? 기술벤처와 떡볶이 장사가 분야는 다르지만 사람 마음은 다 똑같다며 교육생 모두를 일으켜 세우더니 "안녕하세요." 큰소리로 외치며 인사 연습을 시킨다. 그의 말이 꼭 틀린 것은 아니지만, 기술벤처 창업자 역시 돌아버릴 만한 상황이다.

그래서 찾아봤다. 기술창업은 물론 서비스창업, 아이디어창업, 소상공인, 프랜차이즈 창업까지 두루 아우를 수 있는 '한국형 비즈니스 모델 프레임워크'를 말이다. (프레임워크란 복잡한 문제를 해결하거나 서술하는 데 사용되는 기본 개념 구조를 말한다. 간단히 뼈대, 골조라고 생각하면 쉽게 이해가 될 것이다.)

물론 없었다. 아니 이런 프레임워크는 존재할 수 없다. 아이템도 다양하고, 관련시장의 변화 속도도 빨라진 상황에서 모든 아이템을 아우를 방법론이란 있을 수 없는 일이기도 하다.

기존 비즈니스 모델 방법론의 대안 찾기

이 책은 BMO^Bruce Merrifeld-Ohe 평가모형과 사업계획 워크시트, 비즈니스 모델 프레임워크를 토대로 구성했다.

BMO 평가모형은 미국 펜실베니아 대학 와튼스쿨 교수로 재직 중이던 메리필드Merrifield 교수가 제안한 것으로, 원래는 연구개발 테마 선정을 위해 개발된 평가기법이다.

이것을 일본의 오오에Ohe 교수가 신규사업 및 아이템 선정을 위해 적합도 판정기법으로 수정하여 '사업추진 타당성 평가기법'으로 사용했다.

좀 더 부연 설명하자면, 고성장 가능성을 지닌 벤처를 찾아내는 기준을 양적Quantitative으로 나타낸 것이라 정리할 수 있는데, 미국 상무성, 대기업, 비즈니스 스쿨 등에서 활용되고 있으며, 미국 벤처기업을 대상으로 한 연구에서 통계적으로 83%의 아이템 성공 예측력을 보이고 있다고 한다.

이 평가모형은 현재 국내에서도 경영평가기관 및 벤처캐피탈리스

표7 BMO 분석 프로세스

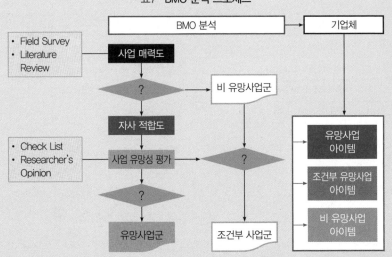

트들이 사업성 판단을 할 때 사용하고 있다. 다만 BMO 평가모형의 구성요소와 가중치를 변형하여 사용한다.

하지만 한계점도 있다. 양적 평가방법에 치우쳤다는 점, 아이디어 및 플랫폼 비즈니스에는 적용하기 힘들다는 점, 평가점수 산정 시 판단기준이 모호하다는 점 등이 그것이다. 예측률이 높다고 평가받는 비즈니스 모델 방법론이지만, 경영환경 변화에 따른 한계점은 어쩔 수 없이 드러나는 것이다.

표8 BMO 평가모형의 사업아이템 평가표

사업도(120)					
사업매력도(60)			자사적합도(60)		
사업진입의 매력이 있는가?			진입사업의 자사 적합성이 있는가?		
No.	항목	평가	No.	항목	평가
1	매출이익가능성	10	1	필요자금 대응력	10
2	성장가능성	10	2	마케팅 능력	10
3	경쟁상황	10	3	제조 및 운영력	10
4	위험분산도	10	4	기술력 및 고객서비스 능력	10
5	업계 재구축 가능성	10	5	원재료, 부품, 정보 입수력	10
6	특별한 사회적 상황	10	6	경영지원	10
	합계	60		합계	60

아, 여기서 잠깐!

프레임워크의 중요한 두 가지 특징인 '정적인 특징'과 '동적인 특징'을 짚고 넘어가야 뒤에서 설명할 비즈니스 모델링 작업을 수월하게 이해할 수 있을 듯하다.

프레임워크는 해당 아이템의 사업화를 위한 기본적인 구성요소를 다루되 구성요소 간의 맥락과 활용방법을 포함한 프로세스까지 다루어야 한다. 이때 기본적인 구성요소들을 제시해주는 것을 '정적인 특징', 프로세스 접근법을 제시해주는 것을 '동적인 특징'으로 본다.

이 두 가지 특징 중에 이 책에서 다루는 기술창업의 비즈니스 모델링 작업에서는 프레임워크의 정적인 특징, 즉 구성요소 간의 맥락과 활용에 중점을 둘 것이다. 프로세스를 다루는 동적인 특징은 전체 기술창업 사업계획 과정에서 계속해서 다뤄야 하기 때문이다.

그래서 일단 이러한 목적에 맞는 방법론(구성요소 간의 맥락과 활용)은 없는지 찾아보기 보기 위해 기존 비즈니스 모델 방법론을 정적인 특징, 즉 구성요소에 초점을 두고 살펴보았다.

먼저 논문을 살펴보았다. 비즈니스 모델과 기술사업화 키워드를 통해 국내 등재된 대부분의 논문이 그 대상이다. 그 결과 프레임워크와 관련한 논문은 많았으나 해당 프레임워크를 실제 비즈니스에서 적용한 사례 논문은 쉽게 찾아볼 수 없었다. 간혹 있다 해도 추적조사를 통해 작성된 논문은 찾을 수 없었다.

현재 기업체의 신사업추진 담당자들이 관심을 가지고 있는 방법론도 살펴보았다. 창업기업은 아니지만, 신사업을 개발하기까지의 고민은 아이템을 도출하기까지의 고민과정과 유사하기 때문이다.

다양한 방법론이 있었다.

그중 〈비즈니스 모델 캔버스〉, 〈린스타트업〉, 〈비즈니스 모델 젠〉은 현재 대한민국 창업교육에서도 빈번히 다루어지고 있는 내용이다.

표9 비즈니스 모델 캔버스 구성요소

핵심 파트너십	핵심활동	가치제안	고객관계	고객 세그먼트
	핵심자원		채널	
비용구조		수익원		

- 가치 : 기업이 고객에게 제안하는 상품이 가지고 있는 특별한 혜택, 의미
- 고객 : 가치를 주물 대상
- 인프라 : 기업이 고객에게 가치를 전달하기 위해 뒷받침 되어야 하는 활동, 자원, 파트너
- 재무 : 자본, 비용, 수익원

이러한 방법론 역시 완벽하지는 않다. 하지만 사업계획에 필요한 구성요소를 한 페이지에 직관적으로 나타내고 판단할 수 있다는 점에서 보면 유용하다. 특히 초기아이템 기획 시에는 가시적인 결과를 낼 수 있다는 장점이 있다.

하지만 나는 기술벤처기업에서 실무를 하거나 컨설팅을 할 때 이러한 방법론을 그대로 적용하지 않고 시장·기술 조사를 통해 워크시트를 채워가며 백데이터를 확보하는 과정을 꼭 거친다. 이미 언급했

표10 비즈니스 모델 젠 캔버스

아이디어 발상 Generating ideas		혁신협력자 Cooperator for Innovation	실행 Do & 테스트 Test
		시장협력자 Cooperator for Market	공감 Empathy
고객 Customer	문제 Problem	해법 Solution	하이컨셉 High Concept
사 Mission	시장 Market	비교우위 Advantage	
기회탐색 Exploring Opportunities		매출 Revenue	
		비용 Cost	학습 Learn & 피봇 Pivot

표11 린스타트업 피드백 순환과정

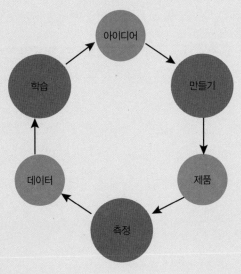

지만 백데이터가 있어야 현장을 접하기 전에는 예측할 수 없었던 환경에 능동적으로 대응할 수 있기 때문이다.

다만 워크시트 중심의 백데이터 작업은 창업자가 사업성공에 필요한 구성요소와 이들의 맥락을 파악하는 데 시간이 걸린다는 한계가 있어 나처럼 창업대학원에서 자의반 타의반(?) 트레이닝 받을 기회가 없었다면, 워크시트 위주의 사업계획 시 '자기사업 이해도', 즉 자신의 아이템을 사업화하는 데 필요한 요소를 파악하는 정도가 매우 떨어질 수밖에 없다. 즉 기존 비즈니스 모델 방법론들은 숲을 보는 데는 매우 훌륭한 역할을 하지만, 이와 관련한 백데이터를 확보하지 못해 아이디어 도출 역할 이상을 하기 힘들다. 반면 워크시트 기반의 백데이터 작업을 통해 진행되는 사업계획 과정은 전체 숲을 빠르게 살펴보기 힘들다는 단점이 있다.

이런 문제를 해결하기 위해 나는 또다시 기술창업 사업화와 연계하여 활용할 수 있는 유의미한 방법론이 있는지 살펴보았는데 여기서 문제가 생겼다. 어떤 방법론도 그대로 활용하기에는 무리가 따랐던 것이다. 바로 프레임워크가 가지는 특징들 때문이다.

일단 앞에서 언급했던 프레임워크의 특징을 다시 한 번 정리해보자.

- 정적인 특징 프레임워크는 사업구성에 필요한 구성요소들을 제시하고 정의 내린다.
- 동적인 특징 프레임워크는 위에서 정리한 구성요소들을 활용한 프로세스를 제시한다.

일단 나는 프레임워크의 동적인 특징인 프로세스는 워크시트 중심으로 백데이터를 확보하는 활동의 비중이 높은 한밭대 창업대학원의 기술창업 커리큘럼과 BMO 평가모형을 활용하기로 했다. 그러나 정적인 특징인 사업성공에 필요한 구성요소의 명칭은 기존 그대로 사용하기에는 무리가 있었다. 기술창업에 있어 구성요소의 명칭은 엔지니어가 사업계획서를 쓰는 과정 중에 직관적으로 활용할 수 있는 표현이어야 하기 때문이다.

이를 위해 고객접점 중심의 비즈니스 모델링 작업을 설계했다. 기존의 방법론에서도 고객군을 고려하면서 세분시장을 언급하지만, 구분된 세분시장을 고려하며 모델링 작업을 진행하지는 않는다.

물론 모델링 과정을 수없이 반복하는 과정에서 구성요소들이 정돈될 수는 있다. 하지만 스타트업 기업이 해당 비즈니스 모델링 작업을 활용하여 사업계획서 작업을 직관적으로 수행하기에는 비효율적일 수밖에 없다.

나는 4~5시간의 비즈니스 모델링 작업을 통해 목적에 맞는(예를 들어 정부지원사업계획서 작성이 목적이라면 정부지원 사업계획서의 기본 목차에 적합한) 사업계획서를 빠르게 스케치할 수 있어야 한다고 생각한다. 비즈니스 현장은 대학교에서 이론을 학습하는 과정이 아니기 때문이다.

그러려면 특히 '고객의 문제'를 탐색하는 과정에서 기술과 관련한 부분을 정리할 필요가 있다. 물론 기존의 비즈니스 모델링 방법론도 '비교우위'란 구성요소를 통해 기술 영역을 통찰해볼 수 있지만 현장에서 활용하기엔 부족한 점이 많은 것이 사실이다.

예를 들어 B2C 모델의 아이템과 B2B 혹은 B2G 모델의 아이템은 고객접점이 다르다. 즉 B2B나 B2G 모델의 아이템인 경우 고객접점이 구매담당자인 경우가 많은데, 정작 고객접점인 구매담당자는 사용자(엔지니어)의 문제를 인지하지 못할 가능성이 크다.

그래서 엔지니어 출신의 창업자가 비즈니스 현장에서 일어나는 문제(엔지니어의 문제)를 포착하여 기술을 개발하고 문제를 해결했음에도 실제로 해당 문제가 '구매담당자 자신의 문제'가 아니어서 판매를 하지 못하는 경우가 많은 것이다.

이는 사용자와 구매자가 다른 B2B · B2G 모델 비즈니스에서 빈번하게 일어나는 문제다. 물론 기존의 방법론에서도 고객 선정 과정에서 구매자와 사용자를 구분하지만, 구분한 이후의 과정을 모델링 단계에서 고려하지 않는 한계점이 있다.

창업교육을 하면서 많은 엔지니어 출신의 창업자와 B2B · B2G 모델의 아이템을 가진 창업자가 갈증을 느꼈던 부분이기에 이에 관해서는 확신할 수 있다.

이런 이유로 나는 앞으로 설명할 비즈니스 모델링 과정에서 고객접점(구매자)에게 현장(사용자)의 문제를 어떻게 어필할 수 있을지 그 점을 중점적으로 고민할 수 있도록 설계하였다.

숲과 나무를 함께 볼 수 있는 '젠'의 활용

내가 구성요소의 개념과 명칭을 상당 부분 참고한 방법론은 비즈니스 모델 '젠Zen(이하 '젠 모델'이라 칭한다)'이다. 그 이유는 다음과 같다. (혹시 이 책에서 언급하는 구성요소 및 용어와 관련하여 원전의 향기(?)를 느껴보고 싶은 독자들은 《비즈니스 모델 젠》(조용호, 비전아레나)을 참고하길 바란다.)

젠 모델을 활용한 데에는 이유가 있다. 일단 뭔가 이 분야에서 왕성히 활동하는(혹은 하려는) 분을 찾아봤다. 그냥 찾은 것이 아니라 '커뮤니티의 다양성과 활동성' 여부와 '콘텐츠 업그레이드' 여부를 기준으로 찾아봤다.

다른 사람이 만든 것을 활용하는 것보다 내 것을 만드는 게 더 중요하지 않느냐고? 물론 중요하다. 하지만 사람은 다 자기 깜냥이 있는 법이다. 조용히 살고 싶은 1인기업의 라이프스타일을 지키려는 몸부림이라고 할까?

난 많은 사람과 부대끼며 뭔가를 도모하는 게 딱 질색이다. 그냥 한가롭게 소일하며 글이나 쓰고 가끔 강의도 하고 친한 사람끼리 노는 게 좋다.

인맥의 허브가 되어라? 그냥 길고양이에게 줘버려라. 난 인맥의 허브 옆에서 차 한 잔 하면서 노는 게 좋다. 뭐, 굳이 정리하면 '인맥의 허브랑 친해져라' 정도….

그리고 어차피 프레임워크는 고정될 수 없다. 비즈니스 모델과 관련한 논문만 살펴봐도 상당수가 프레임워크 개발에 관한 논문이다. 시장 환경이 끊임없이 변화하고 있기 때문에 끊임없이 나올 수밖에 없는 것이다. 그래서 대한민국의 비즈니스 모델 콘텐츠 크리에이터를 찾기만 하면 그냥 그분의 소매깃만 살짝 잡고 따라다녀도 좋으리

비즈니스 모델 젠 큐브

라…. 그렇게 생각하며 찾아보았다.

그렇게 해서 찾은 사람이 ㈜비전아레나의 조용호 대표다.

㈜비전아레나의 홈페이지를 둘러보면, '비즈니스 모델 젠'이 킬러콘텐츠임을 곧 알 수 있다. 간단히 말하자면 젠 모델은 조용호 대표가 만든 비즈니스

모델 수립 방법론이다. 인터넷 검색창에 '비전아레나', '비즈니스 모델 젠'을 입력하고 검색해보면 참고할 만한 내용이 많이 나온다.

비즈니스 모델 수립을 위한 실행도구도 몇 가지 있는데 나는 그중에 젠 큐브가 가장 마음에 들었다. (참고로 젠 큐브는 비즈니스 모델 젠의 구성요소 중 6가지 요소가 표면에 각인된 정육면체를 말한다.)

어떤가? 이 원목 큐브를 책장에 매달아만 놓아도 비즈니스 모델이 뿅뿅 튀어나올 것 같지 않은가? 그런데 이 부지런한 양반이 뭔가를 계속 만들어낸다. 게임도구, 각종 카드, 워크시트까지. 그래서 짜증날 때도 있지만(?) 뭐 조용호 대표의 라이프스타일이야 내 알 바 아니니 난 옆에서 구경만 하다 좋은 것 가져다 쓰면 그만이다.

난 지금까지도 젠 모델 프레임워크를 현업에서 활용하고 있다. 강의 콘텐츠뿐만 아니라, 레이더 회사에서 신사업 아이템 기획을 할 때나 중소기업 컨설팅에서도 활용한다. 다만 젠의 구성요소 중 일부만 활용할 뿐 프레임워크의 동적 특징인 프로세스, 즉 젠 모델의 방법론은 따르지 않는다. 그동안 내가 훈련받은 기술창업 방법론과 충돌하

는 부분이 있기 때문이다.

이렇게 젠 모델에서 다루는 구성요소의 명칭과 개념을 참고하되, 신속한 비즈니스 모델링에 필요한 캔버스는 기술창업을 준비하는 엔지니어의 관점에서 따로 고안하고, 프레임워크의 동적 영역, 즉 프로세스의 상당수는 한밭대학교 창업대학원의 기술사업화 방법론을 따른 것이 앞으로 설명할 이 책의 비즈니스 모델링 과정이다.

이렇게 새로 고안된 비즈니스 모델 캔버스는 표12와 같다. (이하 T-캔버스라 칭한다.)

표12 기술창업을 위한 비즈니스 모델 T-캔버스 영역

P(정치/제도)	E(경제)	S(사회/문화)	T(기술)
위험 및 기회탐색 영역 : 탑다운 접근법			
고객 → 접점	문제 → 속성	해법 → 제품서비스	제품개발 파트너
제품위험 극복 및 사업개발 영역 : 바텀업 접근법			
접점공략/파트너	경쟁재/대체재	비교우위/비교지표	유통채널
경로위험 극복 및 가치제안 영역			
조사검증대상	측정지표	방법 및 계획	피드백데이터
실행 및 피보팅 영역			

자, 이제 위 영역의 구성요소의 개념, 활용방법 등을 순서대로 살펴보며 본격적인 비즈니스 모델링 작업에 돌입해보자.

"당신의 비즈니스 모델은 무엇입니까?"라고 물을 때 대다수는 어떻게 답을 해야 할지 모를 것이다. 사실 질문자도 비즈니스 모델이 무엇인지 모르고 질문하는 경우가 허다하다. 그리고 비즈니스 모델과 비즈니스 전략을 혼용하여 사용하기 때문에 실제 창업자에게 비즈니스 모델이 아이디어 도출 이상의 의미를 갖지 못하며, 비즈니스 모델을 추정재무를 위한 근거로도 활용하지 못하고 있다. 이번 장에서는 이런 점에 유념하여 비즈니스 모델의 개념을 살펴보고 창업자가 비즈니스 모델을 활용하여 사업계획을 수립하는 과정을 다루도록 하겠다.

비즈니스 모델링 1

그 곳 에

기 회 와

위 험 이

존 재 하 는 가

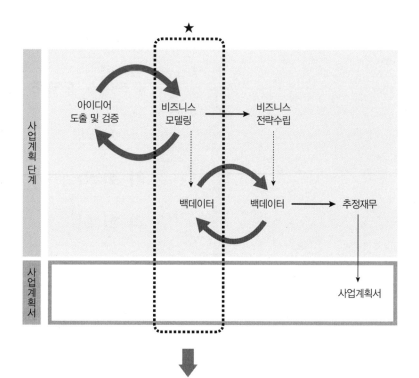

P(정치/제도)	E(경제)	S(사회/문화)	T(기술)
위험 및 기회탐색 영역 : 탑다운 접근법			
고객 → 접점	문제 → 속성	해법 → 제품서비스	제품개발 파트너
접점공략/파트너	경쟁재/대체재	비교우위/비교지표	유통채널
조사검증대상	측정지표	방법 및 계획	피드백데이터

사업계획 단계

사업계획서

★ 비즈니스 모델링

아이디어 도출 및 검증

비즈니스 전략수립

백데이터

백데이터

추정재무

사업계획서

비즈니스 모델링을 위한
T-캔버스의 이해

'아이디어 도출 및 검증' 단계에서는 스타트업이 빠지기 쉬운 세 가지 위험을 기준으로 아이디어를 도출하고 검증해보았다.

　'비즈니스 모델링' 단계에서는 위험요소를 좀 더 구체적으로 살펴보고 제거하며, 콘셉트 도출과 가치제안을 위한 요소들을 검토할 것이다. 이는 모두 T-캔버스 영역 안에서 이루어지며, 백데이터는 별도의 워크시트를 활용하여 작업하게 된다.

　이러한 작업을 하려면 먼저 기술창업을 위한 비즈니스 모델링의 구성요소 개념을 이해하여야 하므로 이에 대한 설명을 먼저 해야 할 듯하다. 그런 다음 '캔버스 영역'과 백데이터를 위한 '워크시트 영역'을 나누어 설명해야 이해하기가 쉬울 것이다.

　만약 이후에 12시간에서 20시간 분량의 워크숍을 가진다면 이 책에서 제시하는 캔버스 작업을 통해 대략적이나마 사업의 초기구상을

시도해볼 수 있을 것이다. 그리고 다시 현업으로 돌아와 워크시트를
통한 백데이터 작업까지 이루어진다면 사업계획은 물론이고 정부지
원자금을 비롯한 투자유치 사업 사업계획서 작성 시에도 쉽게 활용
할 수 있을 것이라 확신한다.

T-캔버스 영역 간 관계 이해하기

이 책에서 제안하는 비즈니스 모델 캔버스인 'T-캔버스'의 각 영역
들이 왜 필요한지, 어떤 내용을 담아야 하는지 먼저 살펴보자. 그래야
이를 활용하여 자신만의 비즈니스 모델링을 수립할 수 있게 된다. 이
에 더해 각 영역은 어떤 관계로 연결되어 있는지도 알아보자. 그래야
도식화시켰을 때 이를 충분히 이해할 수 있다.

표13 T-캔버스 영역 간 관계

P(정치/제도)	E(경제)	S(사회/문화)	T(기술)
위험요소 및 기회요소 탐색 영역 : 탑다운 접근법			
고객 → 접점	문제 → 속성	해법 → 제품서비스	제품개발 파트너
제품위험 극복 및 사업개발 영역 : 바텀업 접근법			
접점공략/파트너	경쟁재/대체재	비교우위/비교지표	유통채널
경로위험 극복 및 가치제안 영역			
조사검증대상	측정지표	방법 및 계획	피드백데이터
실행 및 피보팅 영역			

- **위험요소 및 기회요소 탐색 영역(PEST 영역)** T-캔버스의 첫 번째 줄은 '정치/제도^P', '경제^E', '사회/문화^S', '기술^T'을 다루는 것으로 위험요소 및 기회요소 탐색에 대한 영역이다. '아이디어 도출 및 검증' 단계에서 다루었던 시장위험을 경영전략 도구를 활용하여 깊이 있게 다루며, 동시에 기회요소도 다룬다. 위험요소에 대한 통찰 과정에서 기회요소 역시 살펴볼 수 있게 된다.

- **제품위험 극복 및 사업개발 영역** 두 번째 줄은 제품위험 극복 및 사업개발 영역이다. '고객·접점', '문제·속성', '해법·제품서비스', '제품개발 파트너' 네 가지에 대해서 다룬다. 제품위험을 검토하고 자신의 사업을 개발하기 위함이다.

첫 번째 줄이 탑다운$^{top\text{-}down}$ 방식$^♦$으로 전체 산업의 구조를 통해 위험요소를 제거하며 기회요소를 살펴보았다면, 두 번째 줄은 콘셉트를 도출할 수 있게 한다.

다시 말해 내가 가진 창업역량, 특히 기술역량을 시장의 눈높이에 맞게 정교화할 수 있는 것이다. 이 영역에서 린스타트업에서 언급하는 제품위험, 즉 창업자가 창업초기에 빠지는 위험 중 하나인 '고객의 문제를 해결할 수 있는 제품 및 서비스를 구축할 수 있는지'를 검토하게 된다. 또한 매력적인 아이템을 만들기 위해 도움을 받을 수 있는 협력자(제품개발 파트너)를 검토한다.

첫 번째 줄의 탑다운 방식과 비교하

> ♦ **탑다운 방식** 내 아이템을 "전체 산업을 통해" 살펴보는 방법. 고객의 심각한 문제를 해결해줄 수 있는 아이템이라 하더라도 해당 아이템이 속한 전체 산업의 성장성, 규모, 경쟁강도 등에 있어 문제가 있는지 살펴보고, 있다면 해결방안을 검토한다. 이 과정을 통해 기회요소를 탐색하고, 위험요소를 제거한다. 참고로 증권사 애널리스트의 투자분석보고서를 살펴보면 탑다운 방식의 중요성을 알 수 있다.

◆ **바텀업 방식** "내가 가진" 역량을 중심으로 아이템을 검토하는 방법. 고객의 문제를 해결해줄 수 있는지, 그리고 이 고객의 문제가 심각한지, 문제를 해결하는 제품이나 서비스를 만드는 과정에서 타인의 역량을 빌려올 필요는 없는지 등을 검토한다.

여 두 번째 줄은 바텀업^{bottom-up}◆ 방식으로 이루어지며, 엔지니어 출신 창업자가 가장 많이 빠지는 오류, 즉 기술위주의 사업계획을 시장중심으로 사고를 전환할 수 있도록 돕는다.

• **경로위험 극복 및 가치제안 영역**   세 번째 줄의 '접점공략/파트너', '경쟁재/대체제', '비교우위/비교지표', '유통채널' 영역은 경로위험을 검토하고 고객접점에서 가치있는 제품과 서비스를 제안하기 위한 여러 요소들을 검토한다. 두 번째 줄에서 바텀업 방식으로 정리된 사업개발을 위한 구성요소와 밀접한 요소를 가지고 가치제안에 필요한 항목들을 정리할 수 있다.

기존의 비즈니스 모델링 방법론과 다른 점은 이 모든 구성요소들이 '고객접점'과 밀접한 관련이 있다는 것이다. 이는 초기 1년차 매출을 빠르게 일으켜야 하는 창업기업의 상황 때문이다.

고객접점에 대한 개념이 없는 막연한 고객군 나열과 문제탐색, 이에 대한 전달방식에 대한 고민은 비록 그 고민의 요소들이 의미있다 하더라도 신속하게 솔루션을 고민하고 실행해야 하는 창업기업 입장에서는 매우 비효율적일 수밖에 없다.

• **실행 및 피보팅**^{Pivot}◆ **영역**   네 번째 줄은 시장 활동을 통해 캔버스 구성요소를 정교화하는 작업이다. 첫 번째부터 세 번째 줄까지 비즈니스 모델링 단계를 거치면서 살펴본 구성요소들의 내용을 현장에

서 검증해본다.

지금껏 구상했던 제품·서비스가 정말 고객의 심각한 문제를 해결해주는지, 제품개발 파트너는 우호적인지 등을 현장에서 살펴보는 것이다. 린스타트업에서 언급하는 최소요건제품^{MVP}, 인터뷰 등의 VOC 작업, 그 외 현장에서 검증할 수 있는 다양한 방법을 시도해본다.

◆ **피보팅** 제품을 출시하고 시장적합도를 알아보는 린스타트업 방법론에서 사용하는 용어로 시장적합도가 떨어지는 아이템이나 사업모델을 다르게 전환하는 것을 의미한다.

진입할 산업을 먼저
결정하라
탑다운 방식의 적용

기술창업을 하기 위한 사업계획 과정에서 시장평가를 할 때 중요한
질문이 있다.

　"이곳에 기회가 존재하는가?"

이는 "이곳에 고객의 문제가 존재하고 그 문제는 심각한가?"라는
질문과 같은 뜻이다. 그리고 또 한 가지 중요한 질문이 있다.

　"이곳에 어떤 위험이 존재하는가?"

이 두 개의 질문에서 볼 수 있듯 스타트업의 사업계획은 탑다운 방
식으로 사업기회와 위험요소를 포착하고, 바텀업 방식으로 사업을 개

발하게 된다. 이는 '선先 산업분석, 후後 사업개발'하는 방식으로, 업종과 시장을 먼저 선택하고 고객분석, 기술확보, 제품개발, 비즈니스 모델을 개발하는 것이다. 지금 나는 '선 산업분석, 후 사업개발'이라고 언급했다. 이는 기술창업 과정에 있어 가장 중요한 핵심으로 기존에 창업 아이템의 성공적인 사업화를 위해 활용했던 비즈니스 모델 접근법과는 다른 방식이다.

기존의 비즈니스 모델 방법론에서는 모델링을 시작할 때 고객의 문제에 초점을 두라고 조언한다. 고객 문제의 총합이 시장이기 때문이다. 그러나 기술창업에 있어서는 기술적용 제품이 속한 산업을 먼저 분석하라고 조언한다. 이는 기술창업 아이템이 B2B, B2G 모델인 경우가 많고 이들의 상당수가 기업공개 혹은 인수합병을 목적으로 하기 때문이다.

아무리 좋은 기술을 활용한 제품·서비스라 하여도 큰 규모, 높은 성장률을 가진 산업과 시장에 속해 있지 않다면, 투자자에게는 결코 매력적이지 않다. 산업의 규모와 성장률의 차이가 투자 매력도 결정을 위한 주요 요소 중 하나라는 점을 명심해야 한다.

그렇다면 매력적인 시장은 대체 무엇인가?

기술창업을 함에 있어 사업계획을 준비할 때 매력적인 시장은 탑다운·바텀업 두 가지 방식으로 파악하고 검증한다.

탑다운 방식은 산업현황을 분석하여 사업기회를 포착하고, 목표시장과 선도기업 비즈니스 모델을 분석하며, 매력적인 시장을 찾아내는 것이다. 그런데 이와 동시에 바텀업 방식으로 최종 비즈니스 모델 도출을 위한 매력적인 목표시장을 찾아내야 한다.

한밭대 창업대학원에 다니던 시절, 나는 다섯 분의 은사님께 이 방법을 훈련받았다. 비즈니스 모델은 민경세 교수님, 탑다운 방식은 양영석 교수님, 바텀업 방식은 최종인 교수님, 그리고 두 방식에 사용되는 경영전략 툴의 개념은 김명숙 교수님께 배웠고, 비즈니스 모델링 다음 단계인 전략과 추정재무는 장동관 교수님께 배웠다.

그리고 이에 활용되는 개념, 도식, 표는 창업대학원의《창업매니지먼트》(민경세),《창업학특론》(양영석),《기술아이디어 탐색론》(최종인),《고객시장분석론》(김명숙),《창업전략과 추정재무》(장동관) 강의노트를 참고하였다. 지면을 빌어 은사님들께 감사드린다.

엔지니어는 대개 자신이 잘 아는 기술로 창업한다

탑다운 방식에 대해 설명하자면, 자신이 가진 초기아이템이 접목될 수 있는 산업에는 어떤 것들이 있을까 생각하는 것이 첫 번째 할 일이다.

기술창업에 있어서도 고객이 가진 문제를 우선시한다는 개념은 매우 중요하지만, 반드시 고객의 문제에서 초기아이템 구상을 '시작'할 필요는 없다.

실제 기술창업자들은 대개 초기아이템을 정하고 창업을 생각한다. 초기아이템은 단순한 아이디어일 수도 있고, 제품화가 가능한 기술일 수도 있고, 기술을 적용한 제품일 수도 있다.

현실적으로 생각해보자. 나는 엔지니어다. 내가 전공한 분야가 IT^{Information Technology} 분야인데, BT^{Bio-Technology} 분야의 고객 문제가 보인다. 이 경우 어떻게 해야 할까?

BT 분야의 고객과 문제가 파악이 되니, BT 분야로 창업을 해야 하는가? 그건 아닐 것이다.

대개 IT 분야의 엔지니어는 IT 분야로 창업을 시작한다. 갑자기 BT 분야로 가서 뭐하려고? 이것이 실제로 엔지니어들을 대상으로 하는 기술창업, 기술사업화 교육에서 강사와 교육생들 사이에서 벌어지는 거리감의 원인이다.

엔지니어는 모두 자기가 가지고 있는 기술을 어떻게 사업화할까를 고민하고 있는데, 강사는 '기술'에 대한 개념 없이 자꾸만 '고객-문제'를 찾으라고만 하니 엔지니어 입장에서는 답답해 울고 싶은 것이다. (기술적용 제품, 그 제품이 판매될 시장? 아니면, 기술거래시장? 뭐야 이거…)

물론 대개가 그렇다는 것이다. 경영학을 전공한 창업자가 BT 분야의 고객 문제를 느껴 관련 분야 엔지니어를 협력자로 끌어들여 창업을 할 수는 있다. 이럴 경우는 '고객-문제'가 창업의 출발점이라 할 수 있다.

그러나 대부분의 기술창업자들은 자신이 잘 아는 기술 분야로 창업을 시작한다는 사실만은 분명하다!

결론은 이렇다. '고객과 문제'는 늘 염두에 두되 실제 활동은 내가 가진 초기아이템(아이디어, 기술, 제품)이 접목될 수 있는 산업이 어떤 것인지 살피는 것! 그리고 이는 다음의 과정을 따른다.

첫째, 접근 가능한 산업을 찾아본다. 아이디어 상태일수록 접근 가능한 산업이 많아진다. 이럴 경우 창업팀 모두가 치열한 논의를 거쳐 우선순위 몇 가지를 정하면 된다.

둘째, 접근 가능한 산업 중 치명적인 문제가 있는 산업을 제거한다. 산업 형성이 매우 초기이거나 포화 상태인 경우 그 산업들을 제거해가는 것이다. 산업 초기 상태에서는 시장 형성까지 매우 많은 시간이 걸리고, 포화 상태인 경우는 경쟁이 치열하다. 이는 성장성과 전망이 매우 부정적인 경우까지 포함한다.

셋째, 접근 가능한 산업들 중 외형 매력도인 성장성을 평가하여 우선순위를 정한다. 산업의 성장성과 수익률을 살펴보면 된다.

이 세 가지 내용은 증권사 분석보고서를 살펴보는 것으로 어렵지 않게 정리할 수 있다. 이런 조사과정을 통해 최종적으로 1순위 산업을 1차 진입고려 산업으로 결정하는 것이다.

산업 매력도를 파악하라

위와 같은 방법으로 진입할 산업을 결정했다면, 이어 산업 매력도를 파악한다. 산업 매력도는 왜 파악하는가?
아이템이 배라면, 산업은 바다로 비유할 수 있다.

해류의 흐름에 따라 움직이는 배는 시동을 끄고 운항해도 순항한다. 하지만 해류를 거스르는 배는 많은 동력이 필요로 한다. 창업자가 산업 트렌드를 거슬러 사업을 한다면 많은 자원이 소모된다는 말이다. 물이 없는 곳에서 배만 정박시켜놓은 창업자도 있다. 바다에 물이 차기만을 기다리는 모양새다.

결국 산업 매력도를 파악하는 이유는 죽음의 계곡에 빠지지 않기 위해서이다. 예전 GPS 기술을 이용한 원격조정 트렉터를 아이템으로 기획한 창업자가 있었다. 토지에 가상의 좌표를 인식하여 트렉터 작업을 원격으로 조정한다는 것이었는데, 이 창업자는 결국 투자를 받지 못했다. 아이템이 트렉터였기 때문이다.

이 기술을 농업 분야가 아닌 보안, 물류, 혹은 다른 시장이나 산업에 적용했다면 어땠을까? 아마 투자를 유치할 수 있는 확률이 커졌을 것이다.

산업 매력도를 분석하는 것은 죽음의 계곡에 빠지지 않기 위한 매우 유효한 방법이다. 증권사 애널리스트들의 산업분석보고서 목차가 그 반증이다. 애널리스트들은 전문 투자자들이기 때문에 이들이 보고서를 작성할 때의 분석 방식을 살펴보면, 산업 매력도를 분석할 수 있는 많은 팁을 얻을 수 있다.

이들은 테마 업종을 분석하기 전에 산업의 개념부터, 기본구성, 기술개요 등을 보여준다. 즉 성장성, 수익성을 원칙으로 분석보고서를 작성하되, 기본 산업보고서에서 이슈가 되는 테마 산업분석보고서를 정리한다.

여기에는 산업의 개념, 기본구성, 기술개요 등부터 산업의 실제구성, 성장성, 전망산업의 경쟁강도, 시장의 성장규모, 성장률, 선도업체 등에 대한 정보까지 총망라하여 정리되어 있다.

탑다운 방식과 바텀업 방식의 절충

증권사 IB 부문(투자금융)은 투자처를 결정할 때 코스닥기업의 창출조 건을 우선시하여 검토한다. 즉 산업이 이미 형성되어 있고, 산업연관 성이 높은 포트폴리오로 구성되어 있으며, 산업의 규모가 적당한지, 적시성Time to Market이 있는지를 보는 것이다. 이는 탑다운 방식의 중요 성을 보여준다고 하겠다.

하지만 아직도 많은 창업자가 바텀업 방식의 창업에 익숙해져 있 는 것이 사실이다. 전체 산업을 염두에 두지 않은 바텀업 방식의 창업 은 산업이 형성되어 있지 않을 가능성이 높고, 산업연관성이 매우 떨 어지며, 상대적으로 산업의 규모가 작고, 적시성이 떨어지기 때문에 성공 확률이 현저히 떨어진다. 그럼에도 아직도 많은 창업자가 이를 시도하는 이유는 바텀업 방식이 자기주도의 쉬운 진입방법이기 때문 이다.

나는 탑다운 방식과 바텀업 방식을 적절히 조율하기를 제안한다. 단순히 '고객-문제'만의 질문에 답을 하는 것만으로는 기술창업의 고객시장을 분석할 수 없는 노릇이며, 설령 매우 '심각한' 고객 문제 를 해결해줄 수 있는 제품·서비스가 출시되었다고 하더라도 전체 산업의 규모가 작거나, 성장성이 낮거나, 경쟁 강도가 높아 시장진입 장벽이 높다면 투자자에게 있어 매력도가 떨어질 수밖에 없기 때문 에 이 둘을 적절히 조율하는 게 필요하다.

산업외형 매력도와 산업구조 매력도

증권사 IB는 성공 코스닥기업의 창출 조건으로 B2B 모델의 사업을 우선적으로 꼽는다. 코스닥 상장기업 비율을 보면 B2B 모델 유형이 압도적으로 많은데, 이는 초기에 고속성장이 가능하기 때문이다.

어쨌든 산업 매력도는 산업외형 매력도와 산업구조 매력도 두 가지 기준으로 판단하도록 한다. 먼저 산업외형의 매력도를 분석한 결과 자신의 아이템으로 진입할 산업이 결정되었다면, 그 다음 산업구조의 매력도를 판단하는 것이다(표14 참조).

여기서 산업구조 매력도는 산업지도Industry Map를 통해 파악하면 되고, 진입가능성은 포터 분석5-Force Model을 이용하여 파악하면 된다. 이를 정리하면 표15와 같다. (여기서는 개념 정도만 간단히 이해하도록 하고 활용법은 뒤에서 워크시트 항목으로 자세히 다루도록 한다.)

여기서 포터 분석은 특정산업을 구성하는 다섯 주체들이 가지고 있는 힘의 관계를 다루는 기법이며 여러 한계점에도 불구하고 상당수 투자자들이 활용하고 있다. 다섯 주체들에 대해 설명하면 표16과 같다.

포터 분석은 경쟁 및 기업전략의 다각화로 말미암아 구체적인 실

표14   산업 매력도 분석 방법

	산업외형 매력도	산업구조 매력도
판단기준	규모, 성장성	사업기회 파악, 확장가능성
설명	• 산업의 크기가 큼 • 산업성장률이 높음	• 경쟁강도가 느슨함 • 진입기회와 확장가능성 존재

행전략을 제시해주지 못한다는 한계점도 제시되고 있지만, 시장을 구성하는 주체가 누구인지 파악하고, 힘의 관계를 파악하는 데에 많은 도움을 준다.

특히 스타트업에 있어서는 창업하기 전에 얼마나 시장상황을 파악하고 있는지, 기회요인과 위험요인이 무엇인지 살피는 데 큰 도움이 될 것이다.

표15 산업구조 매력도 분석 방법

목적	사업기회 파악		사업기회의 확장성 검토
판단 도구	산업지도(Industry Map) 가치사슬(Value Chain)	PEST 분석	푸터 분석
설명	산업을 구성하는 영역과 영역 Player 간의 관계 파악 (사업판의 상황분석)	진입산업 성장요인 파악	Player 간의 협상력 파악 (사업판의 힘 분석)
세부 분석 방법	• 산업지도 조사 • Top Player의 기업속성 조사(기술/인력/매출액/제품/이익률 등) • Top Player 간의 거래조사 (거래내용 /규모/계약 등)	• 성장동인 조사 • 성장동인을 강도별/요인별로 분류 • 분석 결과 가치사슬별로 어떠한 영향을 받는가 • 분석결과 기존 거래관계에 어떠한 영향을 미치는가	• 동업타사의 위협도 조사 • 신규진입자 위협도 조사 • 공급자 협상력 조사 • 고객/유통업자 협상력 조사 • 대체자 위협도 조사
공통 분석 방법	Key Man 활용 및 정문정보를 통한 조사		

표16 포터 분석의 5주체

다섯 주체(5-Force)	개념
동업 타사의 위협도	기존 기업 간의 경쟁을 의미한다. 산업에 유사한 규모의 경쟁기업이 다수 존재하고 있으면 경쟁이 치열해지며, 산업 내 분명한 선도기업이 있는 경우 경쟁이 완화된다. 그리고 경쟁기업이 공격적인 성장전략을 진행할 경우, 산업의 성장률이 낮고 고정비 비중이 높은 경우와 철수 장벽이 높을 경우 산업 내 경쟁은 치열해진다. 이 책에서 제시하는 T-캔버스의 경쟁재 구성요소와 관련이 있다.
신규진입자의 위협	잠재적 경쟁자가 해당 산업에 진입할 경우의 난이도를 의미한다. 시장 진입 시 소요자본이 많이 들고, 정부정책으로 신규진입이 자유롭지 못한 경우 진입장벽은 높아지며 경쟁강도는 낮아진다. 이 책에서 제시하는 T-캔버스의 유통채널 구성요소와 관련이 있다.
공급자의 협상력	원자재 또는 부품 공급자의 협상능력이 얼마나 강한지를 의미한다. 잠재적 공급자의 수가 적고 특정 원자재 공급자의 재화가 구매기업(스타트업)의 매출액에서 차지하는 비중이 크거나 공급자 교체비용이 큰 경우, 또는 공급자가 새로운 구매자를 찾기 쉬운 경우 공급자의 협상력이 커진다. 이 책에서 제시하는 T-캔버스의 유통채널 구성요소와 관련이 있다.
고객/유통업자의 협상력	구매자의 협상력을 의미하며, 구매자가 공급업체에 대한 정보를 많이 가질수록, 구매비중이 클수록, 구매제품이 차별화되어있지 않을수록 구매자의 협상력이 크다. 이 책에서 제시하는 T-캔버스의 유통채널 구성요소와 관련이 있다.
대체자의 위협도	다른 제품 및 서비스에 의한 대체가능성이 높은지를 의미한다. 대체품의 가격 대비 성능이 높을수록, 구매자의 대체의지가 강할수록, 대체재로의 교체비용이 낮을수록 대체자의 위협도가 높아진다. 이 책에서 제시하는 T-캔버스의 대체재 구성요소와 관련이 있으며, 경쟁재를 찾지 못해 비교우위를 제시하지 못할 때 대체재를 심도있게 검토한다.

전자책 저작기술

지금까지 설명한 산업 매력도를 파악하는 방법론을 활용하여 '전자책 저작기술'에 대한 기술적용 시장의 초기진입시장 매력도를 파악해보자. 산업지도, 가치사슬, PEST 분석, 포터 분석을 활용했음을 확인할 수 있다.

1단계   기술을 정의내린다.

기술	멀티미디어 e-book 저작물을 작성 가능하게 하는 XML언어기반, 드래그앤드롭방식 저작 Tool 구현기술
구현기능 및 성능	1. 멀티미디어 기능 제공 (단순한 Text&Image로 구성된 e-book에 오디오, 비디오, AV, 그래픽이 포함 가능한 기능 구현) 2. 사용자 Interaction 기능 제공 3. Image File 전환방식 4. 개방형 플랫폼(안드로이드 기반 OS) 5. 마우스 Drag&Drop 방식

2단계 자신의 아이템이 속한 전체 산업을 정의내리고, 산업이 어떤 영역으로 이루어져 있는지, 그리고 자신은 어떤 영역에 속해 있는지 살펴본다.

이러닝 산업 : 이러닝 사업, 즉 콘텐츠 사업, 솔루션 사업, 서비스 사업으로 상품이나 서비스(또는 재화나 용역이라 표현됨)를 거래함으로써 형성되는 산업군

SOLUTION	CONTENTS	SERVICE	H/W
• 콘텐츠 저작 • 학습관리 및 지원	• 교육직무 • 에듀테인먼트	• 교육커리큘럼 • 이러닝 솔루션 제작 컨설팅	• 태블릿 PC • 학습용 로봇
소프트웨어 및 하드웨어, 네트워크를 구축, 제공	정보와 자료를 멀티미디어 형태로 개발, 제작, 가공, 유통	인터넷 및 전파 (위성) 방송 등을 통해 교육, 훈련 및 학습을 제공	교육정보화 하드웨어(교보재) 사업

3단계　전자책과 관련한 산업의 구조적 현황을 살펴본다. 각 영역을 정의내리고 주요 기업리스트와 이들의 거래관계를 정리한다.

산업의 구조적 현황 프로세스

Value chain	Definition	Player	
1st 콘텐츠 제공자	작가	작가	
2nd 콘텐츠 기획자	저작권자로부터 출판권 (전송권) 획득, e-book 콘텐츠를 제작하는 사업	출판사업자 유통사업자	웅진씽크빅 예림당 삼성출판사 민음사 김영사 등
3rd 출판 및 편집	파일변환 편집 CMS	출판사업자	지니소프트 유니닥스 애슬로 어도비 KDMT 등
4th DRM	DRM&보완	보안사업자	파수닷컴 마크애니 예스소프트 인카네트 웍스
5th 유통업체	E-book 콘텐츠 유통을 위한 스토어 및 뷰어 등 각종 애플리케이션을 제공하는 사업	유통사업자 출판사업자	교보문고 인터파크 KT올레샵 네이버북스 등 대교출판(프렌디북) 위즈덤하우스(비슬) 등
6th 네트워크	E-book 콘텐츠를 전송하기 위한 네트워크 제사업	통신사업자	KT SKT LGT
7th Terminal	E-book 콘텐츠를 읽을 수 있는 단말기 제공사업	단말사업자 유통사업자	비스킷 아이리버스토리 아이폰 안드로이드 아이패드 갤럭시탭
8th 판매	소비자		B2B 모델(공공 도서관 등) B2C 모델

대한민국 전자책 시장에서 주요 기업인 교보문고, 웅진싱크빅, 예림당, 삼성출판사 등을 살펴보자. 콘텐츠 제작 및 기획 영역과 유통영역에 진출해 있음을 확인할 수 있다.

만약 전자책 저작기술을 보유한 스타트업이 '할 수 있다'는 이유로 대기업이 포진하는 위 영역에 진입한다면 핵심활동이 분산되게 된다. 자원과 인프라가 부족한 창업기업은 핵심활동에 집중할 때라야 초기 매출을 빠르게 올릴 수 있으므로, 위와 같은 거래관계 분석의 결과에서는 대기업이 포진되어 있지 않은 출판 저작 시장에 진입해야 위험 요인을 줄일 수 있다는 결론을 얻을 수 있다.

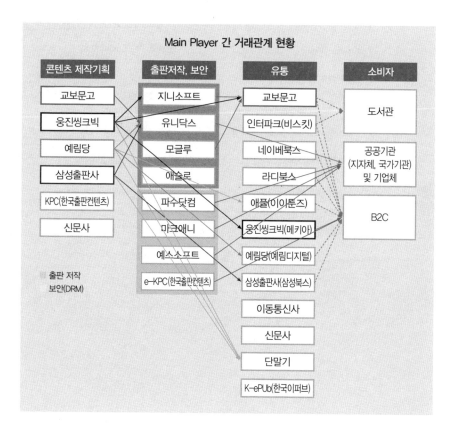

4단계 (산업의 구조적 분석 이전에 수행한 PEST 분석을 포함하여) 그동안 정리한 탑다운 분석의 정리를 활용하여 전자책 산업의 특성을 정리한다.

E-book 산업의 특성

1	유통 플랫폼을 중심으로 출판, 유통 네트워크 및 단말기 제공 서비스의 유기적 결합 • 교보문고, 벤처기업 모글루와 어린이 e-book 저작 계약(2012) • 전자책 시장 참여자 확대되고 있음. 2011년 삼성전자, SK 플래닛 등 대기업이 진입 • NHN이 교보, 예스24,KPC 등과 손잡고 10만여 권의 전자책 콘텐츠 서비스 시작
2	e-book 콘텐츠의 경쟁력 ➡ 멀티미디어 기능 서비스 구현능력 • 단순히 소리, 이미지를 넘어서서 동영상과 게임, 주제곡 등이 결합되어 교육의 효과를 극대화한 e-book.의 경우 상위 25개 유로 App에서 24%에 지나지 않았지만, 판매단가는 $7.82로 평균 상위 25개 App 대비 55.5% 높은 것으로 나타남(2010.8.14. 현재)
3	자체 콘텐츠 제작능력 필요성 증대. 그러나 대다수의 출판사가 종이책을 전자책화할 자체 인력이나 기술 無 • 해외 도서가 국내 출간 도서량의 30% 비중. 매출의 50% 비중을 차지 · 해외 전자책 사업자의 국내시장 진출 시 국내 기업의 안정적 시장점유율 확보에 위기 • 전자책 출판 사업현황 조사에 응답한 504개 출판사 중 70개만이 전자책 출판 이력
4	국내 e-book 사업자들이 기술 표준으로 국제 표준인 EPUB를 따르고 있어, 콘텐츠가 하드웨어에 독립적임

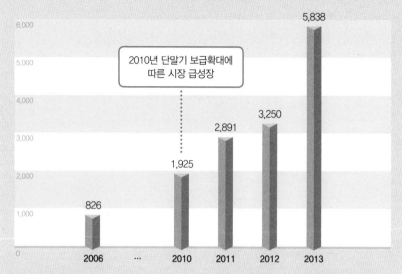

산업 성장성/수익성

2010년 단말기 보급확대에
따른 시장 급성장

주: 교보문고, 인터파크 추정 통계 합산. e잉크 단말기, 스마트폰, 태블릿 PC 등 단말기 시장규모는 미포함.
자료: 대한출판문화협회 '한국전자출판 연감', KTB투자증권

e-Book 유통업체별 동향

- 2012년 현재, 아이리버의 '스토리K' 판매량이 출시 한 달 만에 1만 대 기록(기존 e-Reader 국내 누적판매량 6만 대 수준)
- 교보문고 전자책 매출, 2010년 70억, 2011년 120억(70% 이상 급성장), 2012년 1분기 40억 돌파. 올해 150억 돌파는 무난할 것으로 예상
- 인터파크 전자책 판매비중 증가(전자책이 없던 2009년 4월~2010년 3월 1인당 연평균 도서 구매권수는 16.8권, 2011년 4월~2012년 3월에는 21.6권으로 4.8권이 증가. 이 중 전자책이 3.1권을 차지

5단계　산업 내 공급자, 신규 진입자, 동업 타사, 대체자, 구매자 힘의 관계를 파악하여 전체시장을 살펴본다.

산업 내 경쟁상황

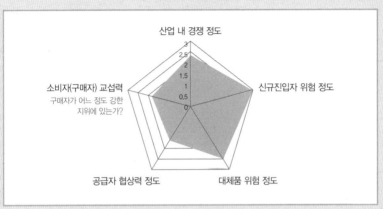

미시적 경쟁상황	거시적 경쟁강도
• 기존 대형유통업체들의 콘텐츠 제공, 기획업체로의 신규 진입 • 기존 대형출판업체들의 유통업체로의 신규 진입 • 해외 도서출판업체의 국내 진출 　– 콘텐츠 제공, 기획업체로의 진출 　– 유통업체로의 진출(아마존) • 중소출판업체의 전자책 산업 진입의 어려움 • 콘텐츠 공급자의 다양화 　– 블로거의 전자책 1인출판 움직임 　– 기존 작가들의 출판시장 진입 용이	소비자와 접점이 있는 유통업체들이 자신의 플랫폼을 기반으로 출판, 유통, 네트워크, 단말기 제공서비스가 유기적으로 결합되는 상황 – 유통업체의 유동시장 장악력이 더욱 커지고 있음 – 기존 출판업체의 소비자 접점 확보를 위한 유통시장 진입 예상

6단계 산업에 기반한 사업기회 및 위험요인을 정리하고 사업기회 포착의 근거로 삼는다. 이어 목표시장을 설정하고 이중 시장진입 1년 차에 매출을 올릴 수 있는 초기진입 유력시장을 최종정리한다. 이는 최대한 산업에 기반하여 세분시장을 정밀하게 정리하고 고객접점까지의 논리를 확보하려는 목적이다.

산업기반 사업기회

1	해외 출판업체의 국내시장 진입에 대응하기 위한 국내 출판업체들의 자체 콘텐츠 확보의 필요성이 높아짐	+ 자체 콘텐츠
2	디지털단말기의 보급확대로 인한 전자책 서비스의 수요 증대	+ 수요증대
3	고객접점을 확보한 대형유통업체들의 출판 콘텐츠 기획 시장으로의 진출, 이에 기존의 대형 출판콘텐츠 기획업체의 대응	+ 콘텐츠 기획/유통시장
4	기존의 종이출판 시장은 완전경쟁시장 – 하지만 대다수 출판사가 종이책을 전자책화할 수 있는 자체 인력이나 기술 無	+ 콘텐츠 제작
5	멀티미디어 기능을 활용한 e-book에 대한 높은 가격 경쟁력	+ 멀티미디어 기능

포착 사업기회	멀티미디어 기능을 포함한 e-book 콘텐츠 저작 서비스

산업기반 목표시장

목표시장	EPUB 기술표준 기반, 밀티미디어 e-book 콘텐츠 저작 서비스 시장

KEY WORD	목표시장 접근 논리
경쟁강도	강한 경쟁강도를 보이는 콘텐츠 제공·기획업체(출판사)와 유통업체가 모두 필요로 하는 서비스임
EPUB	EPUB 기술표준을 기반으로 하는 전자책 저작의 경우 다양한 멀티미디어 기능 구현이 곤란한 기술적 한계·기술적 극복이 가능하다면 경쟁력 제고 가능
멀티미디어	멀티미디어 기능을 활용한 e-book에 대한 높은 가격 경쟁력 (평균 상위 25개 App 대비 55.5% 높은 단가)
저작 서비스	FTA 발효로 인한 저작권 기간 연장, 해외 출판업체의 국내시장 진입으로 인한 국내 출판업체의 시상점유율 하락 가능성·지체 콘텐츠의 양적 질저 확보가 중요
	기존 국내출판업체의 경우 종이책을 전자책화할 수 있는 기반이 부족

초기진입 유력시장

초기진입 유력시장	EPUB 기술표준 기반, 멀티미디어 e-book 콘텐츠 저작 서비스 시장 중 영유아 어린이 대상 전자책 시장

KEY WORD	접근 논리
시장성	국내 도서출판 산업에서 아동서적 분야의 비중이 점차 확대. 2010년 4,940억 원(전체 출판시장의 약 19%) 2011년 7,400억 원(전체 출판시장의 26%)
	현재 국내 도서시장에서 영유아용 책만이 유일하게 성장을 거듭
	어플리케이션을 보면 유아·어린이를 타깃으로 한 어플리케이션이 유료시장 App에서 72%, 무료 App에서 16%(2010.8.14. 기준)
	Ipad 앱스토어 내 책 카테고리에서 각각 유료와 무료 상위 25개 베스트셀러 어플리케이션을 보면 유아·어린이를 타깃으로 한 어플리케이션이 유료
	웅진씽크빅이 출시한 아이패드용 애플리케이션 '모두 떨어져요'는 4일 만에 국내 앱스토어 아이패드 부문 전체 인기 앱, 인기 교육 앱, 미국 앱스토어의 주목 받는 앱 등 세 분야에서 1위 차지
제작방식	글 외에 사진과 삽화, 음악 등 추가되는 요소가 많아 작가 혼자 만들기에 역부족

하지만 이러한 산업 매력도 조사를 거쳐 시장의 규모가 크고 성장성과 확장 가능성이 높은 산업을 찾았더라도 진입할 수 없으면 소용이 없다. 그래서 바텀업 방식으로 기회요인을 탐색하는 것이다. 앞서 언급한 탑다운 방식을 통한 선 산업분석 후, 바텀업 방식을 통하여 사업개발을 하라는 것이다.

이러한 바텀업 방식에서는 탑다운 방식으로 탐색한 시장기회 안에서의 창업자 역량이 매우 중요한 비중을 차지하게 된다.

T-캔버스와 워크시트의 활용

T-캔버스에서는 사업계획 작업에서 검토해야 할 것들을 키워드 별로 정리한다. 벤처기업 사업기획 담당자들과 예비창업자들을 대상으로 워크숍을 해보면, 4시간 정도의 캔버스 작업으로 5페이지 정도의 프레젠테이션 자료를 쉽게 만들곤 한다.

T-캔버스와 워크시트는 어떻게 활용되는지 예를 들어보자. 스타트업의 정부지원사업계획 프레젠테이션은 5분 PT에 15분 질의응답으로 이루어진다. 5분 내에 내 아이템을 설명할 수 있어야 하고, 15분 질의응답에 대응해야 하는 것이다. 이때 T-캔버스로 5분 PT를 준비하고, 워크시트 작업을 통해 정리된 구체적인 근거 자료로 15분 질의응답을 준비하는 것이다. (참고로 2014년 11월 창업성장기술개발사업에 선정된 ㈜레이다솔루션의 정부지원사업계획서 작업 역시 6명의 엔지니어와 함께 이 과정을 활용하여 진행하였다.)

캔버스 트랙

T-캔버스의 첫 번째 줄인 PEST 영역은 자신의 아이템과 관련한 여러 정보를 '정치/제도', '경제', '사회/문화', '기술' 네 가지 영역에 따라 정리하는 것으로 탑다운 방식이며 초기아이템을 결정할 때 반드

시 필요하다고 설명했다.

각각의 영역에 따른 기회요소와 위험요소를 정리하기 바란다. 다만 캔버스 영역은 빠르게 사업 구성요소를 검토하는 데 의미가 있는 만큼 PEST 분석의 결과물을 간단히 정리하도록 한다.

자신의 아이템을 캔버스 트랙으로 정리한 후에는, 워크시트 트랙에서 PEST 분석을 포함한 5-Force 모델, 산업지도Industry Map, 가치사슬Value Chain 방법론을 활용하여 기회 및 위험요인을 더욱 정밀하게 작업하는데 이때 정리되는 정보들을 지금의 T-캔버스에 업그레이드하면 더욱 좋다.

T-캔버스의 전체적인 작성 방법은 표17과 같다.

또한 표18은 표17의 작성방법에 따라 ㈜레이다솔루션의 '해양레이더 시스템 제품'을 작업한 캔버스 작업 결과이다.

표17 T-캔버스 작성방법

P(정치/제도)	E(경제)	S(사회/문화)	T(기술)
법, 제도와 같은 규제 요인 및 지원정책 정책자금과 같은 여러 정치적 요인들이 시장 및 내 아이템에 미치는 기회 요인 및 위험요인을 정리한다.	추정시장 규모 및 환율 유가 물가지수 등과 같은 경제적 요인들이 시장 및 내 아이템에 미치는 기회요인 및 위험요인을 정리한다.	인구, 트렌드, 소비성향 등 여러 사회 문화적 요인들이 시장 및 내 아이템에 미치는 기회요인 및 위험요인을 정리한다.	기술개발 동향, R&D 현황 등 기술적 아이템들이 시장 및 내 아이템에 미치는 기회 요인 및 위험요인을 정리한다.
고객 · 접점	**문제 · 속성**	**해법 · 제품서비스**	**제품개발 파트너**
(B2B 모델은 구매 담당자가 접점) • 고객을 최대한 나열한다. • 1년 내 공략할 고객접점 선택한다. • 구매사와 사용자를 구분한다.	(접점 고객의) 문제를 서술하고 가급적 단어로 요약한다. 단, 기술 아이템의 경우 엔지니어(사용자)의 언어로 서술 후 시장(구매 담당자, 투자자)의 언어로 바꾸는 작업이 포함된다.	• 고객 문제의 해결방법은? • 이를 제품과 서비스로 디자인하면?	• 제품 개발 시 외부의 파트너가 필요하다면 기술한다. • 파트너와의 협상력을 검토한다.
접점공략/파트너	**경쟁재/대체재**	**비교우위/비교지표**	**유통채널**
• 고객접점을 공략하기 위한 방법을 다양하게 고민한다. • 위의 방법 수행에 도움을 청할 만한 파트너(협력자, 영향력자)는? • 위의 파트너와의 협상력은?	• 내 아이템의 경쟁제품 · 서비스는? • 내 아이템의 역할을 대체할 수 있는 대체재는?	• 경쟁재, 대체재 대비 비교우위를 정리한다. • 표로 만들기 위한 비교지표를 검토하며	내 아이템의 전후방 거래관계를 검토한다. (예를 들어 공급자-나-유통업자-고객접점 간의 거래관계 등을 정리한다.)
조사검증대상	**측정지표**	**방법 및 계획 조사**	**피드백데이터**
A. 위의 12가지 구성요소를 검토하는 과정 중 조금 더 구체적인 조사가 필요한 사항들은? B. 위의 구성요소를 정리하는 과정 중에 수립된 가설들이 존재하는가?	A. 구체적으로 무엇을 조사할 것인가 B. 가설을 검증하기 위해 어떤 요소들을 측정할 것인가	검증을 수행하기 위한 방법은? 예) 인터뷰, VOC, key-Man, 실내조사	조사와 검증을 수행하며 업그레이드된 데이터를 위 구성요소에 반영하여 구성요소를 세밀하게 만든다.

표18   T-캔버스 작성예시

P(정치/제도)	E(경제)	S(사회/문화)	T(기술)
[기회요인] 해양수산부는 2017년까지 800여 대, 2800여억 원 투자계획(근거, 실시간 해수유동정보제공시스템 구축계획, 국립해양조사원, 2010.4)		[기회요인] 현재 도입된 모든 제품이 외산제품 · 국산화 당위성	[기회요인] 시스템 모듈개발을 통한 다양한 어플리케이션 구현 가능 기술적 난이도가 높은 해양레이더 시스템 기술 · 기술력으로 진입장벽 높일 수 있음
[위험요인] 정책의존도 심함. 예산부족을 이유로 예산집행이 늦어질 경우 매출에 악영향 가능		[위험요인] 현재 국내 도입된 전 제품이 외산제품임 · '국내 기술력에 대한' 선입견으로 인한 진입장벽 존재	
고객 → 접점	**문제 → 속성**	**해법 → 제품서비스**	**제품개발 파트너**
· 해양수산부 국립해양조사원 · 해양연구원 · ○○ 대학 · 해군	· 1000w 정도의 고출력 증폭불가 · 빔포밍 불가 ↓ · 더욱 빠른 데이터 처리간격(60 · 30분) · 전파간섭을 최소화 → 안정적 측정 가능	실시간(30분 단위) 해수유동정보관측을 위한 FMICW 레이더 시스템 및 실시간 유지보수 서비스	영국 NEPTUNE사 → 조인트 벤처 추진 부품제조업체(안테나, 송수신기, 단말) → 공급 안정성 기확보
접점공략/파트너	**경쟁재/대체재**	**비교우위/비교지표**	**유통채널**
· 경쟁사와의 공동 필드 테스트 → 기술력 입증 및 인지도 확보 · 해양학회 등 각종 학회 참석을 통한 구매담당자와의 네트워크 구축	· 경쟁재 → CODAR(미국), WERA(독일) · 대체재 → 부이(Buoy)	· 주요 경쟁재(CODAR Radar)dp 비해 데이터 처리속도가 두 배 빠름 · 기존의 연구측정용이 아닌 재난방지용 레이더기술을 적용하여 측정안정성이 매우 높아 한국 지형에 적합함	부품제조/소프트웨어 개발 → 조립 → 소프트웨어 후처리 알고리즘 개발 → 유통업자 → 최종고객 → A/S
조사검증대상	**측정지표**	**방법 및 계획**	**피드백데이터**
· A1) 해외 고객은 없는지 살펴보자. · A2) 대한민국에는 어떤 학회가 있는지 살펴보자. · B1) 가설: "해양수산부는 레이더시스템의 국산화를 원한다"	· A1) 해양재난 빈도 수 파악 · A1) 해양레이더 구축현황 등 파악 · A2) 학회명 정리, 세미나 일정 확인 · B1) 국산화 당위성 검토 논문 수 / 사용자 만족도와 이에 대한 구매자 인식도	· A1) 인터넷 검색 및 NETUNE사의 해외네트워크 활용 · A2) 인터넷 검색 · B1) 국산화 당위성 검토 관련 논문 조사 / 해양레이더 관련자 인터뷰 및 VOC	· KOICA를 통해 파악된 해외 재난관련 시스템 · 해양학회, 전파학회 · 현장 엔지니어(사용자)의 니즈 파악 완료

다시 앞 페이지로 돌아가 표18의 첫 번째 줄을 살펴보자. '위험요소 및 기회요소 탐색' 영역이다. PEST 분석을 활용하여 기회 및 위험요인에 대해 정리하였음을 확인할 수 있다.

PEST 각 항목에 따라 기회요인과 위험요인을 검토할 때 PEST의 각 항목은 중복될 수도 있고 해당 항목의 일부는 작성이 어려울 수도 있다. 하지만 PEST 분석은 창업자가 정보를 나름의 기준을 통해 분류하는 데 그 실익이 있으니 PEST 분석이 정밀하게 되지 않는다 해도 크게 신경쓸 필요는 없다.

워크시트 트랙

워크시트 트랙에서는 '위험요소 및 기회요소' 검토를 위한 산업분석을 진행한다. 먼저 산업을 정의하기 위해 '산업정의서'를 작성한다. 작성방법과 사례는 표19와 같다.

표19 산업정의서 양식과 작성사례

	내용	출처
개념	시장 자료에 서술된 산업의 정의를 기술한다. 해수면 관측 레이더 산업	○○기술동향 보고서
규모	시장자료에 있는 전체 산업의 규모를 기술한다. 약 300억 규모(해양레이더)	○○기술동향 보고서 2012
성장성	시장 자료에 있는 전체 산업의 성장성을 기술한다. 해당사항 없음	시장자료 없음
구성도	내 아이템이 속한 시장 혹은 산업의 구조를 파악하여 도식으로 정리한다. 해수면 관측 레이더 산업은, · 안테나, 송수신기, 단말기를 포함하는 하드웨어 부품시장 · 신호추출 및 간섭 제거 등을 포함하는 소프트웨어 모듈 시장 · 이를 통합하고 설치하는 시스템 제조시장 · 레이더를 운영하는 운영시장으로 구분됨 해수면 관측 레이더산업 [하드웨어 부품시장] [소프트웨어 모듈시장] [시스템 제조시장] [레이더 운영시장]	자체 조사

그 다음으로 유통구조 및 산업의 가치사슬을 분석한다. 작성방법과 사례는 표20과 같다.

표20 **유통구조 및 산업가치사슬 분석**

Value Chain	1st	2nd	3rd	4th
	작성방법 : 원료에서 고객 사후관리에 이르는 유통구조를 정리한다. 사례와 같이 일직선으로 정리가 안 될 수 있다. 그럴 경우는 그림을 그린다.			
도식	부품 제조업체 소프트웨어 개발업체	시스템 제조업체	고객 (운영업체)	사후관리 서비스 업체
Player 주요기업	A B C D	CODAR WERA NEPTUNE NJRC	해양수산부 국립해양조사원 대학	CODAR WERA NEPTUNE NJRC

이런 일련의 작업들은 산업분석 과정 중 일부이지만, 투자자 입장에서 창업자를 바라볼 때 '시장 상황에 대해 얼마나 파악했는지'를 판단하는 중요한 부분이기도 하다. 게다가 창업자가 현장에서 경쟁해야 할 대상들은 이러한 거래관계 정도는 경험을 통해 인식하고 있다. 이제 위에서 정리한 주요기업들의 거래관계를 표시해보자. (표21 참조)

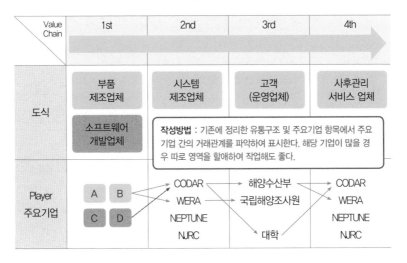

표21 **거래관계 분석**

Value Chain	1st	2nd	3rd	4th
도식	부품 제조업체 / 소프트웨어 개발업체	시스템 제조업체	고객 (운영업체)	사후관리 서비스 업체
		작성방법 : 기존에 정리한 유통구조 및 주요기업 항목에서 주요 기업 간의 거래관계를 파악하여 표시한다. 해당 기업이 많을 경우 따로 영역을 할애하여 작업해도 좋다.		
Player 주요기업	A B C D	CODAR WERA NEPTUNE NJRC	해양수산부 국립해양조사원 대학	CODAR WERA NEPTUNE NJRC

이제 그동안 해왔던 작업을 통해 T-캔버스에서의 '기회요인 및 위험요인'을 최종 정리하면 되지만 그 전에 해당 사업아이템이 지닌 가치사슬을 정리할 필요가 있다.

표22 **가치사슬 통찰**

	가치사슬 축	가치사슬 간 거래관계
P	정치 제도적 요인들이 가치사슬에 미치는 영향 해수유동정보제공시스템 구축계획은 시스템 제조업체의 매출증대와 밀접한 관련이 있다.	정치 제도적 요인들이 거래관계에 미치는 영향. 해당사항 없음
E	경제적 요인들이 가치사슬에 미치는 영향 레이더에 비해 부이를 사용하는 것이 더 저렴하고 편리하다는 인식이 만연되어 있다.	경제적 요인들이 거래관계에 미치는 영향 부이로부터 측정된 해류정보를 소프트웨어 개발 및 서비스 운영업체도 파악할 수 있다.
S	사회 문화적 요인들이 가치사슬에 미치는 영향	사회 문화적 요인들이 거래관계에 미치는 영향
T	기술적 요인들이 가치사슬에 미치는 영향	기술적 요인들이 거래관계에 미치는 영향
사업기회 도출	부이로부터 측정된 해류정보를 소프트웨어 개발 및 서비스 운영업체도 파악할 수 있음 → 창업 초기 사업유지를 위한 기존 레이더시스템 서비스 업그레이더 솔루션 제공 : 자사의 레이더 관련 기술력을 인지시키는 효과	
위험요소 도출 및 극복	레이더에 비해 부이를 사용하는 것이 더 저렴하고 편리하다는 인식이 만연되어 있음 → 인식전환을 위한 비교표 및 다양한 방법을 고민해야 함	

표22에서 보이는 가치사슬 축은 표20의 '유통구조 및 가치사슬'을 분석했을 때 정리했던 주요기업군들의 역할을 의미한다. 즉 부품 제조업체, 소프트웨어 개발업체, 시스템 제조업체, 운영업체(고객), 사후관리 및 서비스업체 등을 의미하는 것이다. (참고. 마이클포터가 고안한 개념인 가치사슬, 다시 말해 밸류체인은 고객에게 가치를 전달하는 기능을 나열한 것을 의미한다. 이 항목에서 언급하는 내용과는 차이가 있다. 가치사슬과 유통구조는 다른 개념이기 때문이다. 하지만 이 책은 스타트업을 대상으로 하는 만큼 작업의 편의를 위해 이를 혼용하여 사용하고자 한다. 즉 가치사슬을 두 가지로 구분하여 활용한다. 하나는 전체 산업 가치사슬이며 이는 현재 항목에서 다루는 '기회요소 및 위험요소 파악 단계', 다시 말해 탑다운 분석에서 분석한다. 다른 하나는 원래 가치사슬의 의미대로 고객에게 가치를 전달하는 기능적 차원에서의 분석이다. 이는 뒤에서 설명할 바텀업 단계에서 살필 것이다.)

표21의 워크시트에서 가치사슬 간 거래관계는 이들 간의 거래관계를 의미하며, 이 표에서 가치사슬 축 자체와 거래관계를 구분하여 PEST 항목을 기준으로 시사점을 얻게 되는 것이다. 사례에서는 정치/경제 영역에 대해서만 예시를 들었다.

"원격의료 분야가 유망해", "인터넷을 활용한 ○○아이템 분야가 유망하다는데?" 등등 유망산업에 대해 말들이 많지만, 유망산업에서도 망하는 아이템이 있고, 하향산업에서도 승승장구하는 아이템이 생긴다. 산업의 트랜드를 살피며 기회요소를 포착하고 위험요소를 제거하는 것도 중요하지만, 이와 함께 고객이 비용을 지불할 만한 "가치"있는 제품과 서비스를 만들지 않으면 사업자체가 불가능하다.(이를 젠 모델에서는 '제품컨셉을 수립한다'라고 표현한다.) 이번 장에서는 매출을 일으키는 필수요소인 고객"가치"에 대해 집중적으로 살펴보도록 하자.

PART 4

비즈니스 모델링 2

비 용 을

지불할 만한

가 치 가

있 는 가

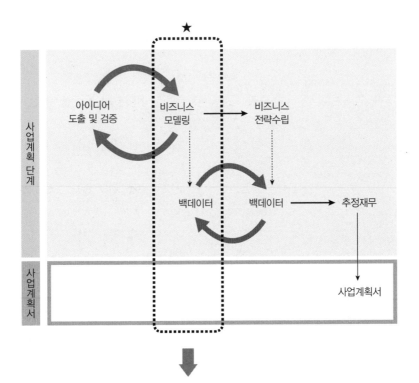

★			

사업계획 단계

아이디어 도출 및 검증 → 비즈니스 모델링 → 비즈니스 전략수립

백데이터 ↔ 백데이터 → 추정재무

사업계획서

사업계획서

P(정치/제도)	E(경제)	S(사회/문화)	T(기술)
고객 → 접점	문제 → 속성	해법 → 제품서비스	제품개발 파트너
제품위험 극복 및 사업개발 영역 : 바텀업 접근법			
접점공략/파트너	경쟁재/대체재	비교우위/비교지표	유통채널
조사검증대상	측정지표	방법 및 계획	피드백데이터

사업화를 위한 4가지 질문과
사업개발 4요소

탑다운 방식으로 전체 산업으로부터 예상 진입시장까지의 기회 및 위험요소를 검토했다면, 제품위험을 극복하고 사업개발을 할 때는 바텀업 방식을 활용하는 것이 바람직하다.

왜냐하면 제품위험을 극복하고 사업개발을 할 때에는 기술역량이 시장의 문제를 해결해줄 수 있는지에 중점을 둔, 내부역량 분석의 비중이 크기 때문이다. 탑다운 방식이 기회 및 위험요인을 통해 산업의 매력도를 통찰하는 데 적합하다면 바텀업 방식은 내 역량에 기반하여 사업을 개발하는 데 탁월하다.

앞에서도 언급했듯이 이 책에서 설명하는 사업개발에 대한 개념은 젠 모델의 콘셉트 도출 구성요소에서 일부 착안했다. 제품위험을 극복하고 사업개발을 하는 데에도 젠 모델의 콘셉트 도출 구성요소를 사용하고자 한다.

젠 모델의 콘셉트 도출 구성요소는 '고객-문제-해법-공감'으로 구성되어 있으며, 이는 다음 네 가지 질문에 대한 답을 고민하는 것에서 비즈니스 콘셉트를 시작할 수 있다.

- 고객이 누구인가
- 그 고객은 어떤 문제 혹은 욕구를 가지고 있는가
- 우리는 고객의 문제 또는 욕구를 해결해줄 수 있는가
- 어떻게 우리의 해법을 고객에게 공감시킬 수 있는가

이 네 가지 구성요소에 대한 질문을 정리하고 일렬로 나열하는 것에서 콘셉트 도출이 시작된다. 이때 중요한 것은 이 네 가지 구성요소들의 내용 간에 모순이 없어야 한다는 것이다.

쉬운 사례로 '컵밥' 창업을 예로 들기로 하자. 이른 시간 등교해서 보충수업을 받아야 하는 고3 수험생이 있다. 맞벌이를 하는 많은 부모들은 아이들의 아침식사를 챙겨주기가 힘들다. 학생들도 일어나자마자 밥을 먹는 게 고역이다.

이런 문제점 때문에 굶거나 학교 근처에서 군것질로 아침을 해결한다. 그래서 착안한 게 컵밥이다. 군것질할 돈으로 컵밥을 사먹으면 아침밥도 해결하고 든든하니 일거양득이다. 한국 사람은 뭐니뭐니해도 밥을 먹어야 하니까 말이다.

창업을 시작하기 전에 젠 모델에서 말하는 콘셉트 도출을 위한 네 가지 구성요소에 대한 질문을 던진 결과, 다음 표와 같은 결과가 나왔

다. 그런데 해법이 이상하다. B학교 앞에서 컵밥을 판매한단다. A학교와 B학교는 멀리 떨어져 있는데 말이다.

고객	문제	해법	공감
A학교 고3 수험생	이른 등교시간 때문에 아침밥을 못 먹고 등교함	등교시간에 맞추어 B학교 앞에서 컵밥 판매	"우리의 간편한 아침식사 컵밥" 슬로건 요일별 다른 메뉴 빠른 식사를 위한 단일메뉴

구성요소 간에 모순이 생긴 경우다. 당연히 A학교 고3 수험생들의 문제에 대한 해법은 A학교 앞에서 컵밥을 판매하는 것이어야 한다.

여기서 또 하나! 만약에 고객이 대한민국 고3수험생 전체라면? 문제는 동일할 수 있지만 아래 표와 같이 해법과 공감 방식은 달라져야 한다.

고객	문제	해법	공감
A학교 고3 수험생 ➡ 대한민국 고3 수험생	이른 등교시간 때문에 아침밥을 못 먹고 등교함	등교시간에 맞추어 A학교 앞에서 컵밥 판매 ➡ 등교시간에 판매할 수 있도록, 모든 학교 매점에 컵밥 입점 및 위탁판매	• "우리의 간편한 아침식사 컵밥" 슬로건 (미디어 홍보) • 요일별 다른 메뉴 • 빠른 식사를 위한 단일메뉴

문제는 동일하지만 고객이 바뀌니 해법과 공감 방식도 바뀐다. A학교 앞에서 노점만 하면 되는 게 아니기 때문에, 학교 매점에 입점하기 위한 영업도 매우 중요한 핵심활동이 된다. 그리고 전국의 고3 수험생을 대상으로 하는 것이니 각종 미디어 홍보도 공감을 이끌어내는 데 중요한 활동이 될 수 있다. 위의 내용을 다시 한 번 정리해보자.

"아이템 사업화를 위해 '고객-문제-해법-공감' 구성요소의 내용을 채워볼까"

고객	문제	해법	공감
A학교 고3 수험생	이른 등교시간 때문에 아침밥을 못 먹고 등교함	등교시간에 맞추어 B학교 앞에서 컵밥 판매	"우리의 간편한 아침식사 컵밥" 슬로건 요일별 다른 메뉴 빠른 식사를 위한 단일메뉴

"해법이 이상하잖아. 해법 영역의 내용을 수정해보자."

고객	문제	해법	공감
A학교 고3 수험생	이른 등교시간 때문에 아침밥을 못먹고 등교함	등교시간에 맞추어 A학교 앞에서 컵밥 판매	"우리의 간편한 아침식사 컵밥" 슬로건 요일별 다른 메뉴 빠른 식사를 위한 단일메뉴

"수정 완료! 이제 된 것 같다."
"그런데 돈을 더 벌고 싶은데, 다른 고객에게도 한번 팔아볼까? 통 크게 대한민국 모든 고3수험생에게!"

고객	문제	해법	공감
대한민국 고3 수험생	이른 등교시간 때문에 아침밥을 못먹고 등교함	등교시간에 판매할 수 있도록, 학교 매점에 컵밥 입점 및 위탁판매	"우리의 간편한 아침식사 컵밥" 슬로건 (미디어 홍보) 요일별 다른 메뉴 빠른 식사를 위한 단일메뉴

"고객을 바꾸니, 해법도 수정해야 하고, 공감방식도 바꿔야 하는구나!"

'고객-문제-해법-공감'을 축으로 구성요소가 계속 바뀌는 것을 알 수 있다. 젠 모델에서는 이를 '고객관점의 중심축'이란 표현을 쓰고, 이 중심축 상의 구성요소들 간의 정합성을 고려하여 콘셉트를 검증하고 조정한다.

비즈니스 모델을 구성하는 요소들의 정합성을 고민하는 과정은 젠 모델에서만 다루는 것은 아니다. 다음 페이지에 나오는 표23은 창업대학원에서 기술창업 사업화 과정으로 활용하고 있는, 비즈니스 모델을 만드는 세 가지 구성요소이다. 이 표에 위 사례를 적용해도 역시 정합성을 고려하게 된다.

표23 창업대학원에서 활용하는 기술창업 사업화 비즈니스 모델 구성요소

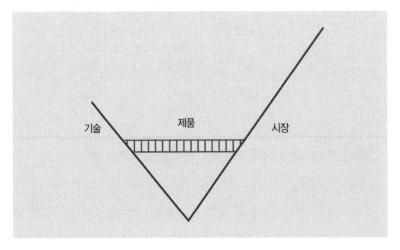

표24 'A학교 고3 수험생 대상의 컵밥 판매' 콘셉트 도출 작업

기술	제품	시장
기술이 경쟁사에 비해 독특한가?	고객의 심각한 문제를 해결해주는 제품인가?	시장은 충분히 크고 성장성이 높은가? 초기매출을 올릴 수 있는 세분시장이 명확한가?
독특하지 않음	심각하게 느끼고 있는지 여부는 모르겠음. 하지만 문제임은 분명함 · 설문조사 필요	A학교 고3 수험생 (세분시장 명확함) 시장의 크기 작음 성장성 낮음 초기매출 가능성은 높음

표24는 A학교 고3 수험생을 대상으로만 창업을 구상했던 초기 콘셉트를 풀어본 것이다. 보다시피 역시 '기술-제품-시장'이라는 구성요소에 맞추어 요소 간 정합성을 고려해야 한다.

독특한 기술, 고객 문제를 해결해줄 수 있는 가치있는 제품, 충분히 크고 성장가능성 있는데다 초기매출도 명확한 세분시장, 즉 '기술-제품-시장'의 세 가지 요소를 통해 비즈니스 모델을 만드는 것이다.

이렇게 하면 기술이든 제품이든 시장상황이든 어떤 요소로도 콘셉트 도출 작업을 시작할 수 있다.

결국 비즈니스 모델을 수립하는 위의 두 가지 도구 모두 구성요소 간의 정합성을 고려한다는 점에 있어서는 동일하다. 그리고 고객 가치를 고객의 문제로부터 찾아낸다는 점(수요자 중심 사고)에서도 공통점이 있다.

사업개발의 4요소 : 젠 모델과의 차이점

나는 이 책에서 젠 모델의 구성요소를 보완하여 사업개발의 구성요소를 '고객·접점', '문제·속성', '해법·제품서비스', '제품개발 파트너'로 제시하고자 한다.

이는 젠 모델에서 언급하는 콘셉트 도출을 위한 구성요소와는 약간 차이가 있다.

젠 모델에서는 콘셉트 도출을 위해 '고객'과 '고객의 문제'를 중시한다. 하지만 기술창업 방법론에서는 고객의 범위를 좀 더 좁혀(창업 1년내 매출확보가 가능한) 고객·접점을 살피며, 고객문제를 보다 직관적으로 이해하기 위해 '문제·속성'을 살피게 될 것이다.

- **고객·접점** 고객에 대한 브레인스토밍을 하되, 고객접점을 명확하게 확인하거나 접점이 확보되지 않았다면 목표고객을 설정한다. 이는 창업 1년 내에 초기매출을 빠르게 올리려면 전체 고객군 설정이 아닌, 명확한 고객접점을 통해 매출을 확보하거나 목표고객을 설정하여 핵심활동에 집중하기 위해서다.

- **문제·속성** 위에서 정리된 고객접점의 문제를 살피는 과정이다. 뒤에서 자세히 설명하겠지만 여기서 '속성'은 고객이 문제라고 느끼는 부분을 한두 개의 키워드로 정리하는 과정을 말한다. 이는 홍보마케팅의 주요 키워드가 될 수 있다.
  다시 말해 엔지니어들이 기술창업 과정 중 범하기 쉬운 기술 위주의 관점을 시장 중심으로 전환시키는 과정이라 할 수 있다.
  부연 설명하자면, 스타트업 아이템의 경우 고객의 문제가 엔지니어의 언어로 드러난다. 하지만 이러한 현장의 언어를 구매담당자나 투자자는 이해하지 못하는 경우가 비일비재하다. 이를 '속성'에서 정리하는 것이다. 즉 '속성' 영역은 전문용어를 시장의 용어로 변환하는 과정이며, 엔지니어의 언어를 구매담당자의 언어로 바꾸는 과정이다.

- **해법·제품서비스** 고객은 자신의 문제에 대한 해법에만 관심이 있다. 그리고 이 해법은 제품·서비스로 표현된다. 예를 들어 '배달원을 구하기 힘들다'는 배달전문 음식점의 문제를 '배달을 대행해준다'는 해법으로 해결해주는 '배달대행서비스'와 같이 문제에 대한

해법 자체가 아이템이 되는 경우도 있다.

하지만 제조업 기반의 기술벤처의 경우는 다양한 해법들이 모여 하나의 아이템이 만들어지는 경우가 많기 때문에 이 과정을 구분한다.

- **제품개발 파트너** '제품개발 파트너'는 젠 모델의 콘셉트 도출 구성요소는 아니다. 이는 젠 모델에서 '계획plan'을 위한 구성요소 중 하나인 '혁신협력자'로 제시되는 개념인데, 나는 이를 스타트업 사업개발 구성요소로 배열한 것이다.

정리하자면, 이 책에서 기술창업 사업화를 도출하기 위한 사업개발 구성요소인 '고객·접점', '문제·속성', '해법·제품서비스', '제품개발 파트너'는 젠 모델에서 언급한 핵심개념에 기술창업 요소를 첨가하여 보완한 개념으로 이해하면 되겠다.

이제 이들 각각의 구성요소에 대해 본격적으로 알아보고 적용해볼 차례다.

고객의 결정은 곧
시장을 결정하는 일
고객·접점

고객 → 접점	문제 → 속성	해법 → 제품서비스	제품개발 파트너

고객이 누구인지 결정하는 것은 곧 진입시장을 결정하는 일이며, 이는 투자 매력도와 밀접한 관련이 있다. 창업자가 자신이 진입할 시장을 정의내리는 것은 어렵지만 반드시 해야 할 일이다. 동일한 기술과 아이템이 있을지라도 진입시장이 달라질 수 있고 이에 따라 투자 매력도도 달라질 수 있기 때문이다. 예를 들어보자.

코오롱글로텍의 '히텍스^{HeaTex}'는 점퍼 속에 원하는 온도로 열을 발열시킬 수 있는 스마트 섬유다. 의류용 히텍스는 외부환경에 따라 35~50℃ 사이로 온도를 조절할 수 있고, 리모콘으로도 조절이 가능하다. 이는 전통적인 의류 섬유 산업에 속하는가, 아니면 정보통신기술 산업에 속하는가?

결론은 둘 다 가능하다는 것이다. 하지만 투자 매력도는 다르다. 즉 사업계획서에 표현되는 진입시장 키워드가 무엇인지에 따라 시장 매력도가 달라지고, 동시에 투자 매력도도 달라진다. (앞에 설명한 위성통신기술을 활용한 무인조종 트랙터 사례와 비슷하다고 볼 수 있다. 119쪽 참고)

창업기업에게 고객을 명확하게 설정하는 작업은 초기 매출의 확보를 위한 매우 중요한 일이라 할 수 있다.

실제 사업자 등록 1년 이후부터 사업계획서에 매출처가 명확하게 잡혀 있지 않으면 투자를 받기 힘들다. 스타트업 창업의 경우는 더 심각하다. 시제품도 제대로 나와 있지 않은 상태에서 매출실적을 평가받게 되는 셈이니, 당연히 투자유치는 요원해지고 창업기업은 '죽음의 계곡'에 빠지게 된다.

여기서 '죽음의 계곡'이란 혁신기술과 사업화 사이의 간극을 의미한다. 즉 초기 창업기업이 제품을 개발한 시점과 고객이 구매하는 시점 사이의 간격으로, 보통 '죽음의 계곡' 단계의 기업은 매출을 올리지 못한 상태에 있을 가능성이 크다. 자금력이 충분히 확보되지 않으면 본 궤도에 오르기 전에 도산할 가능성이 매우 높은 것이다.

그러므로 '고객·접점' 요소를 검토할 때에는, 타깃 고객을 명확하게 설정하고 창업기업의 역량을 최대한 집중할 수 있도록 하는 것이 필요하다. 그래야 초기 매출을 올릴 확률이 높아진다. 만약 창업기업이 중견기업이나 대기업처럼 다양한 고객을 대상으로 자원과 인프라를 소진하면 더 깊은 죽음의 계곡에 빠질 수 있음을 명심하자!

명확한 타깃 고객 설정은 왜 필요한가

스타트업에 있어 사업화를 할 때는 다음과 같은 가설에 근거를 두게
된다.

- 고객은 기술을 사지 않고 제품을 산다.
- 투자자들은 제품에 투자하지 않고 강력한 사업모델에 투자한다.
- 기술사업화 성공은 사업모델이 아닌 강력한 실행력을 가진 기
  업가에 의해 이루어진다.

이 중에서 세 번째 가설에 주목해보자. 사업모델이 아닌 강력한 실
행력의 중요성을 언급하고 있다. 그렇다면 대체 어떻게 실행할 것인
가? 이는 죽음의 계곡을 벗어나기 위한 명확한 타깃 고객을 향해 모
든 자원을 집중해야 함을 의미한다.

자, 이제 타깃 고객을 설정해야 하는 이유가 창업기업의 자원과 인
프라를 한곳에 집중하여 빠른 매출을 올리기 위한 것임을 파악했다.
창업기업에게 빠른 매출은 죽음의 계곡을 벗어나기 위한 투자유치에
매우 중요한 요소이기도 하다.

실제로 창업 후 1년만 넘어가면 대부분 투자자가 "1년 동안 뭐했
어요? 매출이 하나도 없어요?" 하고 묻는다. 속으로는 '니가 창업해봐

라. 1년간 기술개발해서 시제품이라도 만들어낼 수 있는지…'라는 말이 목구멍까지 차오르겠지만 어쩔 수 없지 않은가. 현실이 그러니 말이다.

앞서 몇 번을 강조했듯이 자원과 역량이 제한적인 창업기업이 전체시장을 공략하는 것은 무모한 일이다. 하나 더 예를 들어볼까.

PFS Pacific Furniture Service 라는 업체가 있다. 이 업체는 나무로 할 수 있는 모든 사업을 한다. 사무공간도 만들고, 집도 만들고, 가구도 만든다. 자신의 핵심역량을 활용한 제품들이다. 그러나 이런 형태의 사업 방식은 창업기업에 적합하지 않다. 창업기업은 자원의 분산 없이 세분시장이 지닌 문제를 빠르게 공략해야 초기 매출 달성에 유리하기 때문이다.

특히 기술 중심인 스타트업의 경우 예비창업지원자금으로는 시제품 정도밖에 생산하지 못하는 경우가 허다하기 때문에 명확한 타깃 고객 설정은 그만큼 더 중요하다고 하겠다.

명심하라.

제품화를 위해 추가 자금이 필요한데 투자를 받지 못하면 죽음의 계곡에 빠지게 된다.

시제품을 구매하는 고객은 아무도 없다.

사업개시 후 추가 자금을 확보하려면 솔루션 구축과 고객설정 모두 창업초기의 성과에 맞추어야 한다!

시장 세분화의 두 유형

구매담당자와 이미 충분한 관계를 형성해놓은 상태라 기술개발과 양산만 하면 바로 매출이 일어날 수 있는 상황이라고 가정하자. 이 경우 고객접점은 해당 구매담당자가 될 것이다.

그러나 이런 특수한 경우를 제외하고는 대개 시장 세분화의 과정을 통해 고객·접점을 찾는 것이 일반적이다.

스타트업 아이템을 사업화함에 있어서 세부 시장을 정하는 기준은 '초기매출 확보 가능성'과 '확장가능성' 두 가지다.

여기서 확장가능성이란 큰 규모의 매출이 기대되거나 지금은 적은 규모라도 향후 큰 규모로 발전할 수 있는 아이템을 의미한다. 하지만 시장 세분화 과정에서 염두에 둘 사항이 하나 있는데, 그것은 단순 세분시장의 집합이 능사가 아니라는 것이다.

이는 자원의 분산 문제와 관련이 있다. 시장을 세분화한다고 성격이 전혀 다른 솔루션을 제공해야 하거나 B2C 또는 B2G 모델에 따른 너무 다양한 고객채널이 있어 과도한 비용이 투입되어야 한다면 이는 효율적인 시장 세분화가 아니라는 뜻이다.

일반적인 시장 세분화 방법 : STP 분석

STP 분석은 마케팅의 기본 프로세스로서 다음과 같은 과정을 거친다.

- **세그멘테이션** Segmentation   고객을 분석한다.
- **타깃팅** Targeting   고객을 선정한다.

- **포지셔닝**Positioning 고객으로부터 선택을 받는다.

스타트업에게 시장 세분화는 '선택과 집중'을 의미한다. 한정된 자원과 역량으로 출발할 수밖에 없는 창업기업에게 선택과 집중은 자원의 효율적인 활용과 다름없다.

참고로 경영학에서 말하는 시장 세분화란 전체 시장, 즉 욕구를 가진 구매자를 몇몇 공통점을 기준으로 분류하는 것을 의미한다. 분류방법은 여러 가지가 있다.

B2C 모델에서의 고객, 즉 개인고객인 경우는 성별, 연령별, 거주지별, 소득별, 직업별 등으로 나눌 수 있고, 라이프스타일, 소비성향 등으로도 나눌 수 있다. B2B 모델에서의 고객, 즉 법인고객의 경우 업종별, 규모별, 유형별, 지역별 등으로 구분할 수 있다.

B2C 모델이든, B2B 모델이든 간에 시장 세분화를 하는 데 있어서는 전제조건이 있다. 그것은 측정가능해야 하고, 규모가 어느 정도 있어야 하며, 접근이 용이해야 한다는 점이다.

이렇게 시장을 세분화한 후에는 세분시장별로 나누어 제품(또는 서비스)를 구매하게 되는 동인動人이 되는 요소를 생각해야 한다. 이를 주요구매요인KBF : Key Buying Factor이라고 하는데, KBF는 가격, 신속함, 신선함, 분위기, 독특한 문화, 효율적 프로세스 등 다양할 것이다.

이렇게 자체시장을 세분화하고 각각 세분시장의 KBF를 살펴보면, 내가 어떤 세분시장을 공략할 것인지가 보인다. 즉 시장을 공략할 때 내 강점을 살릴 수 있는 KBF를 가진 세분시장을 찾게 되는 것이다.

이 시장에 대해 내가 어떤 가치를 제공하여 경쟁사와 차별화할 것인지 결정해보자. 이를 포지셔닝이라 한다.

미개척 분야의 시장 세분화 방법

젠 모델에서는 "고객(시장) 분류의 핵심은 단순 인구학적 통계 정보보다는 사람들이 공유하고 있는 문제"라고 설명한다. 그래서 일반적인 분류방법인 나이, 지역, 성별, 경제적 수준, 소속집단 등이 아닌, '고통', '불편함', '기쁨'과 같이 문제를 중심으로 고객(시장)을 분류할 것을 제안하고 있다.

하지만 스타트업의 경우, 누구나 쉽게 고객의 문제를 감지할 수 있는 치열한 경쟁상황에 뛰어들기보다 의외의 고객을 찾아내는 것이 중요하다. 이를 '틈새시장'이라 한다. '의외의 고객'을 찾는 방법 역시 고객의 문제에 달려 있는데 구체적인 방법은 아래와 같이 최초의 '고객-문제'로부터 고객 B, 고객 C를 유추하고, 이로부터 다시 고객 D를 유추하는 과정을 거치는 것이다.

[단계1] 최초 생각했던 고객과 문제들이 있다.

고객A			
문제 a1			
문제 a2			
문제 a3			
문제 a4			

[단계2] 고객A가 가지고 있는 문제 a2와 문제 a3을 똑같이 가지고 있는 고객(시장)이 있다. 고객B이다. 하지만 고객B에게는 문제 b1도 있다.

같은 방식으로 고객A가 가지고 있는 문제 a1, a3, a4를 고객C도 가지고 있다. 그리고 고객C에게는 문제 c1, c2가 있다.

이렇게 고객A가 가진 문제로부터 고객B, 고객C가 정리된다.

고객A	고객B	고객C	
문제 a1		문제 a1	
문제 a2	문제 a2		
문제 a3	문제 a3	문제 a3	
문제 a4		문제 a4	
	문제 b1	문제 c1	
		문제 c2	

[단계3] 지금까지 고객A, 고객B, 고객C가 가지고 있는 문제들을 정리했다. 처음에는 고객A의 문제로부터 파생된 고객들이기 때문에 공통의 문제를 가지고 있지만, 각자가 가진 고유한 문제들 역시 존재한다. 이제 이 문제들을 통해 고객D를 유추할 수 있다.

고객 A	고객 B	고객 C	고객D
문제 a1		문제 a1	문제 a1
문제 a2	문제 a2		
문제 a3	문제 a3	문제 a3	
문제 a4		문제 a4	
	문제 b1	문제 c1	문제 b1
		문제 c2	문제 c2

이는 그동안 우리가 익히 알던 시장 세분화 방식과는 다르다. 그리고 이것이 바로 고객의 문제로부터 유추하는 '스타트업의 미개척 분야 시장 세분화' 방법이라 할 수 있다. 난 이 방법을 한밭대 창업대학원의 김명숙 교수님께 배웠다.

이 방법을 사용하면 이미 드러난 시장을 세분화해서 타깃 고객을 설정할 수도 있다. 하지만 누구나 알고 있는 시장에서는 경쟁이 치열할 수밖에 없다. 치열한 경쟁상황에서는 내가 가진 자원과 인프라가 빨리 소진된다. 창업자금도 자원에 속하고, 죽음의 계곡에 빠지는 가장 큰 이유도 자금난이기에 창업기업은 틈새시장을 반드시 찾아내어야 할 것이다.

다음 사례는 김명숙 교수님께서 수업시간에 보여준 '이동로봇의 시장 세분화' 자료의 일부이다. 문제로부터 의외의 고객을 어떻게 발견할 수 있는지 충분히 이해할 수 있을 것이다.

작성예시 이동로봇의 시장 세분화

놀이시설Entertainment	의료Medical	공항서비스Public	수화물적업Loading	창고Storage	세탁Cleaning
이동불편	위기대처	이동불편	비탄력적 근무시간	비탄력적 근무시간	비탄력적 근무시간
오랜 대기시간	이동불편	수속안내정보부재	미싼 인건비	미싼 인건비	미싼 인건비
정보제공미흡	건강모니터링 부재	통역불편	작업시간단축 필요	작업시간단축 필요	작업시간 단축 필요
정보교환	물리치료 부재	순찰상황 정보제공	위험물 검색기능	위험물 검색기능	위험물 검색기능
		정보교환			상황정보제공
이동, 구경, 놀이시설 이용 시 불편하다고 생각되는 것	병원에서 생활(보행, 식사, 용변, 체온/체중) 하는 데 불편하다고 생각되는 것	공항 정사 업무에서 탑승객가의 불편하다고 생각되는 것 자전거 순찰 시 불편하다고 생각되는 것	하역장으로 물건을 이동하는 데 불편하다고 생각되는 것	창고로 물건을 이동하는 데 불편하다고 생각되는 것	세탁물을 이동하는 데 불편하다고 생각되는 것

기술 아이템을 사업화할 때 탑다운 방식과 바텀업 방식을 함께 활용하는 이유

탑다운 방식으로 산업 혹은 전체시장의 크기와 판매 가능 시장의 크기를 결정하였다면, 바텀업 방식으로는 고객의 구매이유와 고객이 얼마나 내 아이템을 구매할 것인지를 결정한다. 스타트업 기술 아이템을 사업화함에 있어 이렇게 탑다운 방식과 바텀업 방식을 함께 활용하는 이유는 목표시장을 분석할 때 두 방법 각자 고유의 한계를 가지고 있기 때문이다.

만약 탑다운 방식으로만 목표시장을 분석하게 된다면, 신규진입자의 시장점유율을 찾을 수 없다. 흔히들 "중국 인구가 10억 명인데, 그중 10%한테만 팔아도 1억 명에게 파는 거야."라고 말할 때의 오류다.

간혹 창업자가 투자자에게 "전체 시장이 100억 원 규모인데, 저희는 1년 내 10%의 점유율을 차지하여 10억 원의 매출을 올릴 것입니다."라고 말하는 경우가 있는데, 이는 매우 위험한 발언이다. 전문 투자자는 반드시 그 10%의 근거를 대라고 할 것이다. 하지만 탑다운 방식만으로 시장 세분화를 했을 경우에는 점유율의 근거를 댈 수 없을 것이다.

그렇다면 바텀업 방식만으로 목표시장을 분석하게 된다면 어떤 문제가 생길까?

결론적으로 말하면, 너무 다른 다양한 시장에 진입할 가능성이 높다. A 틈새시장, B 틈새시장, C 틈새시장, D 틈새시장에 진입할 수 있는 기술과 역량이 있겠지만, 이렇게 다양한 시장을 다 포함하다 보면 통제할 수도 없고, 자원소모도 크다. 역량과 자원이 부족한 스타트업에겐 적합하지 않은 것이다.

따라서 규모와 성장성이 높은 산업 군 내의 세분시장 중에, 자신이 지닌 문제해결 능력으로 접근이 가능한 시장을 찾아내고, 그중 가장 빠른 매출을 올릴 수 있거나, 가장 큰 매출을 올릴 수 있는 시장에 진입할 수 있는 아이템을 개발해야 한다. 틈새시장이라고 다 좋은 게 아니다.

시중의 비즈니스모델 워크숍 중, 고객과 시장을 살피는 과정에서 빠지기 쉬운 오류는 핵심활동에 대한 고려없이 이질적인 세분고객을 나열할 때 생긴다. 브레인스토밍 과정에서 신규고객을 발견하여 유레카를 외칠 수는 있겠지만 정작 활동이 분산되면 초기매출을 올리기 어려울 수 있다.

핵심역량으로 많은 활동이 가능하다 해도, 활동별로 비중을 달리해야 하는 것이다. 반복해서 말하지만 스타트업은 창업초기 매출이 무엇보다 중요하다. 그리고 이를 위해서는 선택과 집중이 필요하다.

이 책에서 주장하는 바는, 탑다운 방식으로 기회를 포착하고 바텀업 방식으로 사업을 개발하라는 것이다. 하지만 이러한 기회포착에서 사업개발로 이어지는 과정은 선형이 아니며, 상호 보완적으로 맞물려 반복되고, 개발되어야 한다.

자, 지금까지 젠 모델의 구성요소를 활용하여 스타트업 창업에 있어 기술 아이템을 사업화하기 위한 핵심개념을 정리했다. 이를 질문 형식으로 재구성하면 표24와 같다.

'고객·접점'에 대한 정리

고객·접점은 창업초기 1년 내에 매출을 일으킬 수 있는 대상고객을 의미한다. 이들은 세분화된 시장 내에 존재하지만, 반드시 하나의 세분시장 내에 있을 필요는 없다. 물론 이질적인 다수의 세분시장 내에 존재하는 다수의 고객·접점은 한정적인 자원을 활용해야 하는 스타트업 기업에게 적합하지 않을 수 있으므로 만약 고객·접점들이 다수의 세분시장에 포진되어 있다면 창업기업 자신의 역량과 자원을 검토해야 할 것이다.

표24 탑다운 방식과 바텀업 방식의 핵심개념

탑다운 방식		바텀업 방식	
내가 진입할 산업은 어떠한가?	• 산업의 정의/특징 • 규모/성장성/수익성 • 시장 구조	내 기술의 독특성은?	• 경쟁기술 대비 추가기능 • 경쟁기술 대비 업그레이드 성능 • 경쟁기술 대비 기타 독특한 사양
내가 진입할 산업의 플레이어들과 거래관계는?	• 선도기업 • 거래관계 • 사업기회	기존 경쟁자들이 충족시키지 못한 고객 문제는?	• 강력한 고객 문제
내가 진입할 산업의 성장동인과 영향도는?	• 산업 성장요인 • 사업기회	내 제품의 고객가치가 명백한가?	• 내가 할 수 있는 문제 해결방법 • 왜 경쟁자는 못 하는가
내가 진입할 산업의 경쟁강도와 키맨은?	• 경쟁강도 • 선도기업 • 선도이유 • 사업기회	내가 접근 가능한 시장은?	• 총판매 가능수량 • 고객수용 가격
나의 강력한 경쟁자들은 누구인가?	• 비즈니스 모델 • 경쟁력 포인트 • 보유기술 • 약점	수익구조와 비용구조 확보방법은?	• 생산방법 차별화 • 판매방법 차별화
내가 진입할 산업의 주요시장 구성과 구조	• 시장구성과 구조 • 각 시장 규모 • 성장성	사업실행전략	• 생산전략 • 판매전략
내가 진입할 산업의 주요 가격과 비용동향	• 가격수준과 동향 • 평균 생산비용	향후 3년간 내가 얻을 수 있는 손익계산서	• 자금수지 예산표

'문제를 가진' 고객의
총합이 시장이다

문제·속성

고객 → 접점	문제 → 속성	해법 → 제품서비스	제품개발 파트너

타깃 고객만 정해지면 모두 해결될 거 같은가.

아니다.

고객이 어떤 문제를 가지고 있는지를 아는 것이 중요하다.

스타트업 기업은 목표고객이 가지고 있는 '심각한' 문제를 해결해 줄 수 있어야 한다. 무엇으로 이 문제를 해결해야 할까? 그것은 당연히 '기술'일 확률이 높으며, 대개는 독특한 기술일 때가 많다. ('기술의 독특성'은 다음 항목에서 자세히 설명할 것이다.)

하지만 아무리 날이 잘 든 칼이라도 아무 곳이나 휘두를 수 있는 건 아니지 않은가? 고객의 문제가 심각하지 않으면 아무리 독특한 기술이 있어도 소용없다. 그런데 종종 종이 한 장 구멍 내는 데 전동드릴로 뚫으려는 엔지니어 출신 창업가들이 있다. 시장의 요구에 얼마나 부합하는지가 중요하지, 항상 고도한 기술일 필요는 없는데도 말이다.

여기서 고민거리가 발생한다. 명확한 타깃 고객의 문제를 찾는 데서 사업개발이 시작되는데, 실무에서 이 고객의 문제를 찾는 게 쉽지 않다는 점! 특히 기술창업의 경우 일상을 관찰하면서 고객의 문제점을 찾기란 거의 불가능에 가깝다.

일반 소비자를 고객으로 하는 B2C 모델의 경우 사람들의 일상을 관찰하고 문제를 살피는 게 가능하지만, 기업을 고객으로 하는 B2B 모델은 관찰할 수 있는 대상이 한정되어 있다. 고객이 개인인가, 기업인가에 따라 고객이 느끼는 문제가 다르며, 문제가 달라진다면 고객가치도 달라지는 법이다.

게다가 창업자가 엔지니어인 경우 다양한 기술을 접하고 개발하는 과정 중에 기회를 감지하고 창업에 나서기 때문에 "고객의 문제가 뭐지?", "얼마나 심각한지?" 이런 질문은 애초에 하지 않는다. 대개 "이 기술 끝내주네. 분명히 먹힐 거야."라는 막연한 희망으로 창업을 시작한다. (그리고 망한다.)

앞서 말했듯, 스타트업에서는 일반적인 비즈니스 모델 방법론에서 언급하는 "고객의 문제를 찾아보세요."라는 구호가 참 막연하다. 스타트업의 대부분을 차지하는 엔지니어들은 "고객의 문제가 어떤 의미예요?"라는 질문에 대한 답부터 원한다.

그런데 컨설턴트들이 "나가서 현장을 관찰해보세요. 그 속에서 문제를 발견할 수 있어요."라고 조언하니, 솔직히 말하면 '너(창업자)나 나(컨설턴트)나 모르기는 오십보백보'인 셈이다.

강의와 컨설팅을 주요 업으로 하는 내 입장에서도 고민이 많았다. 그래서 기술기반의 스타트업 기업에서 일하면서 내가 했던 방법은 고객의 문제가 있기 때문에 해법을 제시하는 것이 아닌, 고객의 문제를 계속 염두에 두며 기술 적용 제품의 산업규모와 성장성을 통해 트렌드를 먼저 살피고, 시장을 세분화하는 것이었다. 그리고 다시 타깃 고객을 찾기까지의 접근 근거를 검증하는 동시에 '고객 문제의 심각성 여부'를 검토하였다. 이러한 과정을 거치며 고객의 문제를 재정의하거나 아이템을 수정·보완 변경한다.

사실 자신이 가진 기술을 바탕으로 사업화를 준비하다 보면 고객의 문제는커녕 누구를 타깃 고객으로 해야 하는지조차도 혼란스러울 때가 많다. 고객의 문제를 찾거나 문제 있는 고객군을 찾아본 후 시장성을 검토하는 것이 원칙이지만, 실무에서는 반대로 산업의 규모, 성장성을 살펴 기술적용 제품이 산업트렌드를 역행하고 있는 것은 아닌지 살피고, 타깃 고객군이 가지고 있는 시장성을 검토하면서 그들의 문제점을 찾아보게 되는 것이 현실이다.

고객 문제로부터 도출되는 '속성'

새벽에 글을 쓰다 가끔 대전 유성으로 뛰쳐나간다. 바로 뼈다구탕 때문이다. 남들이 보면 정신 나갔다고 한다. 그깟 뼈다구탕이 뭐라고 차로 씽씽 달려 30분이나 걸리는 유성까지 달려나간단 말인가.

"니들은 어떨지 몰라도 난(고객) 지금 뼈다구탕이 먹고 싶단 말이다." (문제)

"왜? 너희 동네에는 뼈다구탕 집이 없냐? 근처에 24시간 뼈다구탕 집이 있더만."

"있긴 있지. 그런데 달라." (해법)

"뭐가 다른데?"

"일단 맛이 달라. 뭔지 모르지만 17가지 한약재를 넣고 푹 고았단다. 조미료를 안 썼다는데 확인할 방법은 없지만, 그래도 먹고 나면 입 안이 개운해." (해법)

"또?"

"난 우거지를 좋아하거든. 우거지도 겁내 많이 줘." (서비스)

"맛있는 데다 우거지도 또 줘? 나도 우거지 좋아하는데…"

문제	해법(제품·서비스)
새벽에 종종 뼈다구탕이 먹고 싶다. 먹고 나면 입이 텁텁하다. 우거지를 너무 조금 준다.	조미료 무첨가에 우거지 무지 많이 주는 한약재 뼈다구탕 (24시간 운영)

　비즈니스 모델 구성요소를 체득하고 있으면, 위 사례처럼 우리가 구매하는 모든 재화에 대해 분석을 해볼 수 있다. 모두 다 아는 이야기 같지만, 모두가 위와 같은 방법으로 생각하지는 않는다.

　전문가가 디테일할 수 있는 이유는 이러한 생각의 프레임을 가졌기 때문이다. 경영학에서 다루는 많은 혁신전략 역시 프레임이다. 그 프레임 내에서 생각하고 분석하고 또 생각할 수 있어야 한다.

　창업자의 아이템, 즉 제품과 서비스는 타깃 고객의 문제를 해결해

줄 수 있어야 하며 구매 욕구를 불러일으켜야 한다. 그리고 경쟁 제품에 비해 차별화되어 있어야 하며 그 점을 고객에게 제대로 전달해야 한다.

이러한 사실을 간과하다가 많은 스타트업이 고객의 문제를 해결해 줄 수 있는 아이템을 갖고서도 '전달하지 못해' 죽음의 계곡에 빠지는 경우가 허다한 것이다.

왜 내 아이템의 우수성을 고객에게 전달하지 못할까?

산업화시대에는 제품·서비스를 제공할 수 있는 공급자가 부족했기 때문에 만들기만 하면 파는 건 큰 문제가 되지 않았다.

하지만 이제는 수많은 공급자가 있다. 이런 이유로 제품·서비스는 다른 공급자에 비해 당연히 차별화되어야 한다. 그러나 이것만으로는 부족하다. '고객과의 공감'을 통해 제대로 알려야 하는 것이다.

그럼에도 엔지니어 출신 창업자는 대개 성능이 우수한 제품을 만들면 고객이 '당연히 알아서' 구매해줄 것으로 믿는다. 이런 경우 "연구개발 성과가 좋으니 훌륭한 일 하셨습니다."라는 칭찬은 들을지 몰라도 사업은 딱 망하기 십상이다.

정말 좋은 아이템인데 안 팔리는 이유를 '고객사의 엔지니어(사용자)는 좋은 줄 알지만, 구매담당자(구매자)는 왜 좋은지 모를 때'라고 가정하자. 이는 정말 좋은 아이템인데 투자를 받지 못하는 이유와 같다. 바로 '엔지니어 창업자가 하는 말이 외국어 같이 들릴 때'가 그러하다.

B2B, B2G 모델의 아이템에서 특히 이런 경우가 많다. 이해를 돕기 위해 B2C 모델인 요식업(뼈다구탕)을 사례로 들긴 했지만 아이템의 사용자와 구매자가 다른 B2B, B2G 모델의 기술기반 스타트업 아이템은 어떨까?

이런 경우 사용자는 해당 분야 엔지니어지만 구매자는 그렇지 않은 경우가 많아 사용자(엔지니어)의 문제를 해결해주는 제품·서비스는 출시했으나 구매자(엔지니어가 아닌 사람)를 공감시키지 못해 판로가 막히는 예가 허다하다. 기술과 시장 사이에 쉽게 다가설 수 없는 간극이 있는 것이다.

현장의 언어에서 시장의 언어로 바꿔라

그래서 기술기반의 비즈니스 모델링 작업에서는 문제와 해법 사이, 즉 기술과 시장 사이에 완충 역할을 해줄 수 있는 구성요소가 필요한 것이다.

이를 '속성'이라 하며 기술을 적용한 제품과 서비스의 기능과 성능을 시장의 언어로 바꾸는 작업을 통해 정리하고자 한다. 지금부터 그 예를 다 같이 살펴보도록 하자. 내가 다니던 회사 ㈜레이다솔루션의 기술을 정리하는 과정이다.

[단계1] 고객의 문제를 정의한다. 이는 현장의 언어로서 엔지니어들이 쓰는 기술적인 표현을 그대로 사용하면 된다.

문제	속성
1000W 정도의 고출력 증폭이 불가능하고, 빔 포밍이 안 되네?	
1m 이상 파고 측정이 안 되네?	

[단계2] 고객의 문제를 '속성'으로 번역한다. 기술전문가가 아니더라도 고객의 문제를 인식할 수 있는 표현으로 바꾸는 작업이다.

문제	속성
1000W 정도의 고출력 증폭이 불가능하고, 빔 포밍이 안 되네?	데이터 처리속도를 기존 레이더보다 두 배 빠르게 할 수 있음
1m 이상 파고측정이 안 되네?	쓰나미 측정이 가능함

위와 같은 작업을 거치면 고객도, 창업자도 모두 '속성'이라는 구성요소를 통해 소통할 수 있다. 공감의 기반이 마련되는 것이다. 게다가 엔지니어 출신이 아닌 창업자가 엔지니어에게 휘둘리지 않을 수 있는 확률이 높아진다. (이는 전략적 요소로서 차별화를 다룰 때 다시 설명하도록 하겠다.)

그렇다면 창업 아이템이 앞의 뼈다구탕 사례와 같이 B2C 모델인 경우 '속성'은 어떻게 활용될 수 있을까?

빙고!

홍보, 마케팅의 주요 키워드로 활용할 수 있다. 그리고 이 키워드는 제품·서비스에 자연스럽게 반영된다. (참고로 이 경우 작업 방법은 문제를 자연스럽게 '서술'하고, 서술된 문제를 '단어'로 정리하면 된다. T-캔버스 작성방법 참고, 188쪽)

문제	속성	해법(제품·서비스)
새벽에 종종 뼈다구탕이 먹고 싶다. 먹고 나면 입이 텁텁하다. 우거지를 너무 조금 준다.	24시간 운영 조미료 무첨가 우거지 무한제공	조미료 무첨가에 우거지 무지 많이 주는 한약재 뼈다구탕 (24시간 운영)

고객은 기술이 아닌
제품을 구매한다
해법·제품서비스

고객 → 접점	문제 → 속성	해법 → 제품서비스	제품개발 파트너

　고객은 자신의 문제에만 집중한다. 그리고 자신의 문제를 해결해주는 솔루션을 구매한다. 이러한 솔루션은 기술이나 역량이 아닌, 이를 구현한 제품·서비스의 형태로 구현된다.

　직업상 종종 자신이 팔려고 내놓은 아이템이 기술인지, 제품인지 명확하게 설명하지 못하는 엔지니어 출신의 창업자들을 만나게 되는데, 백번 양보해서 아무나 만들 수 없는 매우 좋은 기술이고 활용범위가 다양하다는 것은 알겠다.

　그런데 어쩌란 말인가. 고객은 언제 돈을 꺼내야 할지 모르는데 말이다. 현실이 그럼에도 엔지니어이자 창업자는 기술에만 심취해 있다.

"아! 이 얼마나 아름답고 대단한 기술인가?"

다시 말하지만, 고객은 기술이 아닌 제품 또는 서비스를 구매한다. 그리고 이 제품과 서비스는 고객 문제에 대한 해법을 담고 있어야 한다. 따라서 제품과 서비스는 고객에게 직관적으로 다가설 수 있어야 하며, 그러려면 엔지니어의 언어가 아닌, 시장의 언어로 표현되어야 하는 것이다. (고객이 해당 분야 엔지니어라면 이야기가 다르다. 이땐 엔지니어(고객)의 언어가 시장의 언어다.)

그러므로 제품·서비스 설명은 속성의 키워드를 적절히 활용하여 고객의 문제인식을 명확히 정리하는 것이 바람직하다. 그리고 가급적 그림으로 표현되는 것이 좋다. 그림으로 표현된 아이템은 고객이 직관적으로 받아들이기 편하기 때문이다.

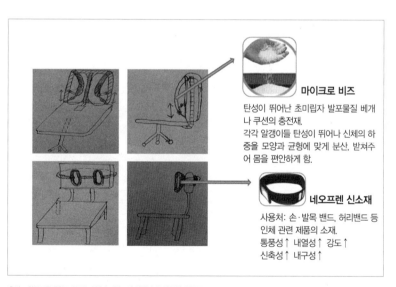

출처 : 한국교통대학교 2012-2학기 기말고사 학생과제. 임동현, 염동균
이 학생들의 아이템은 '자세교정을 위한 기능성 의자'다. 디자인 작업으로 깔끔하게 정리되지는 않았지만 자신들의 아이템을 그림으로 표현하고, 제품에 들어가는 소재의 우수성을 함께 설명한 점이 인상적이다.

모든 걸
혼자서 만들기는 힘들다
제품개발 파트너

고객 → 접점	문제 → 속성	해법 → 제품서비스	제품개발 파트너

앞에서 고객은 자신이 가진 문제를 해결하기 위해 제품(혹은 서비스)을 구매한다고 언급했다. 이러한 제품을 만들려면 원료조달, 부품, 조립 등 해야 할 일들이 많을 것이다.

제품개발 파트너는 제품을 만들 때 내가 할 수 없는 일들을 해줄 만한 주체들을 의미한다. 이들은 특정 개인일 수도 있고, 업체, 기관일 수도 있다.

내가 다니는 ㈜레이다솔루션을 예로 들면, 각종 부품 및 하드웨어 개발업체 및 전자통신연구원 등이 제품개발 파트너에 해당된다. 제품개발 파트너는 두 가지 관점에서 살펴보아야 한다.

첫째, 고객의 문제를 해결할 수 있는 제품·서비스를 만드는데 내 역량이 부족한 경우 이를 보완할 수 있는 협력자를 찾는 경우다. 예를 들어 사업화 아이템이 제조업인데 소프트웨어 기술만 있는 경우 '위탁 제조업체'가 필요하다.

다만 이런 경우 꼭 주의를 기울여야 할 것이 있다. 위탁 제조업체와의 협상력을 검토해야 한다는 것! 만약 내 소프트웨어에 접목할 하드웨어를 생산할 제조업체가 국내에 단 한 군데뿐이라면 내 협상력은 매우 약할 것이므로 이에 대한 대비책이 반드시 필요하다.

둘째, 핵심역량과 보완역량이 모두 출중해서 고객의 문제를 해결할 수 있는 솔루션을 혼자 구축할 수 있지만, 핵심활동에만 집중하고 싶은 경우다.

이런 경우 보완활동과 관련된 영역을 아웃소싱할 수 있는데, 이 역시 제품개발 협력자에 속하는 것이다. 쉬운 예를 들면, 용역컨설팅을 수행하는 과정에 있어 수집된 정보를 가공하는 작업은 내가 하지만 이에 대한 편집작업은 아르바이트를 시키는 경우가 그러하다.

위의 두 가지 관점 모두 다음 세 가지 사항을 검토해야 한다. 제품개발 파트너와 협력관계를 구축할 경우 혹시 모를 위험을 염두에 두고, 대응계획을 세워야 하기 때문이다.

- 기술의 독특성
- 가치사슬상 핵심자산 및 보완자산의 판단
- 보완자산의 접근기준

기술의 독특성

제품개발 파트너를 검토할 때에는 스타트업의 핵심자산(역량)을 고려해야 한다. 특히 기술기반의 스타트업의 경우 핵심자산 중 가장 중요한 것이 '기술의 독특성' 여부이다. 이 기술의 독특성이 고객의 심각한 문제를 해결하는지 검토해야 하는 것이다. 그러나 이 기술의 독특성을 확보하는 과정에서 창업자 혼자 힘으로 안 될 때가 종종 있다. 이 경우 파트너를 찾게 되는데, 이때 협상력의 문제를 '심각하게' 고민해야 한다.

기술창업자가 독특한 기술을 확보하지 못한 상태에서 파트너의 도움을 받아(즉 파트너의 기술을 활용해) 창업을 한다?

이는 매우 위험한 일이다. 어쩌면 창업을 하지 않는 게 좋을 수도 있다.

제품개발 파트너에 의존해서 기술의 독특성을 확보해서는 안 된다. 스타트업 창업자라면 모름지기 독특한 기술을 이미 확보한 상태에서 창업을 시작해야 하는 것이다.

물론 엔지니어가 아닌 창업자, 예를 들어 특정시장에서 고객 문제를 발견한 영업전문가가 기술창업을 할 수는 있다. 이때 엔지니어가 제품개발 파트너 역할을 할 수 있다. 영업전문가의 네트워크, 엔지니어의 기술이 핵심역량이 되는 것이다.

그러나 이 경우에는 반드시 엔지니어가 창업팀의 구성원이 되거나 합병회사 형태로 진행되어야 한다.

또 다른 예로 정부출연연구소의 기술을 구입하여 독특한 기술을 확보할 수도 있지만 정부출연연구소의 경우 배타적 권리가 인정되지 않는다는 단점이 있다.

결론적으로 말해 어떤 경우에도 독특한 기술은 창업자가 확보해야 하며 배타적 권리를 가져야 한다. 제품개발 파트너 개념을 '창업자 자신 혹은 창업팀'이 독특한 기술을 '배타적으로' 확보하는 데 필요한 파트너라고 여기면 안 된다. 반드시 해당 기술에 대한 배타적 권리를 파트너가 아닌, 내가 가지고 있어야 하는 것이다.

가치사슬상 핵심역량의 판단

스타트업 아이템을 사업화할 때 가치사슬은 고객에게 가치를 전달하는 과정에 필요한 기능의 조합이며 이는 세부적 업무 프로세스가 아니다.

가치사슬, 즉 밸류체인의 원 고안자인 포터 Michael Porter 는 "회사의 기능을 연구개발, 조달, 제조, 물류, 판매, 관리기능으로 정의하고 이러한 기능 구분은 어느 업종에나 적용된다."고 하였지만, 실무에서는 특정기업의 필요를 보다 적절히 반영할 필요가 있어 표25와 같이 수정하여 제시하고자 한다.

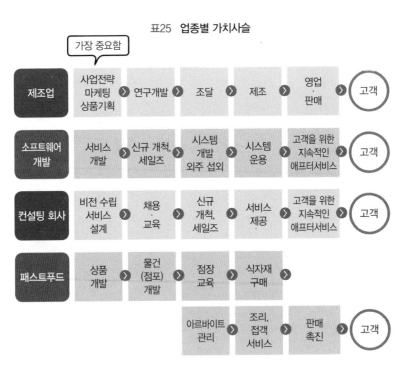

표25 업종별 가치사슬

가장 중요함

제조업
사업전략 마케팅 상품기획 ▷ 연구개발 ▷ 조달 ▷ 제조 ▷ 영업·판매 ▷ 고객

소프트웨어 개발
서비스 개발 ▷ 신규 개척, 세일즈 ▷ 시스템 개발 외주 섭외 ▷ 시스템 운용 ▷ 고객을 위한 지속적인 애프터서비스 ▷ 고객

컨설팅 회사
비전 수립 서비스 설계 ▷ 채용·교육 ▷ 신규 개척, 세일즈 ▷ 서비스 제공 ▷ 고객을 위한 지속적인 애프터서비스 ▷ 고객

패스트푸드
상품 개발 ▷ 물건(점포) 개발 ▷ 점장 교육 ▷ 식자재 구매 ▷
아르바이트 관리 ▷ 조리, 접객 서비스 ▷ 판매 촉진 ▷ 고객

출처: 《스토리텔링으로 배우는 경영전략 워크북》, 가와세마코토 지음

제조업 기반 스타트업의 가치사슬을 '원료-부품-조립/생산-판매/유통-사후관리'로 정리해보면, 비용구조와 수익구조를 표26과 같이 구분할 수 있다.

표26 제조업 기반 스타트업의 가치사슬

비용구조			수익구조	
원료	부품	조립 / 생산	판매/유통	사후관리

가치사슬상 기능들을 내가 직접 행하는지 용역을 주는지에 따라 구분해보자. 내가 직접 행하는 경우 핵심역량인지 검토하고, 용역을 주는 경우에는 거래 업체와의 협상력을 검토한다. 이를 표를 활용한 예시로 정리하면 표27과 같다.

표27 제조업 기반 스타트업의 가치사슬과 핵심역량 정리

비용구조			매출구조	
원료	부품	조립 / 생산	판매 / 유통	사후관리
용역	자가	용역	용역	자가
협상력 검토	핵심역량 검토	협상력 검토	협상력 검토	핵심역량 검토

이때 핵심역량은 주로 기술역량과 관련해서 창출되는데, '제품개념에 체화되어 있거나 제품을 시장에 출시하는 과정에서 요구되는 핵심 노하우, 전문성 역량 또는 능력' 등을 의미하며, 기술, 관계자산 unique partner, 독특한 능력 unique competency 등을 내용으로 한다.

기업은 자신의 경쟁우위를 지속시키는 데 있어 이 핵심역량이 꼭 필요하다. 핵심역량은 가능한 기업이 보유해야 하고 용역을 주어선 안 된다. 경쟁우위를 창출하는 근원이기 때문이다.

하지만 용역을 주지 않고 내가 직접 행한다고 해서 모두가 핵심역량은 아니다. 따라서 표27의 '자가'라고 표시된 부분의 항목에서 내가 구현하는 기능들이 핵심역량인지 아닌지를 면밀히 검토해야 할 것이다. 만약 핵심역량도 아니고, 직접 행하는데도 비용절감 같은 실

익이 없다면 용역을 주는 것이 바람직하다.

　이때 해당 거래처와의 힘의 관계를 검토해야 한다. 이는 앞단에 언급한 포터분석을 통해 검토할 수 있다. 그리고 젠 모델에서 언급된 것처럼, 대체 가능한 협력자(용역업체)인지 아닌지, 이 용역업체와 거래관계 구축이 어려울 경우 대안은 있는지 등을 살펴야 할 것이다.

보완자산의 접근기준

이는 '내가 직접 가져갈 것인가', '용역을 줄 것인가' 하는 문제다.

　기업은 핵심역량을 확보하는 것이 중요하지만 이를 구현하기 위해 필요한 법률서비스, 회계서비스, 제조설비, 유통망 등의 보완자산과 조화가 중요하다.

　결국 보완자산을 내가 가져갈 것인가 (파트너에게) 용역을 줄 것인가를 결정해야 하는데, 이때 몇 가지 기준이 있다.

　먼저, 보완자산이 전문화되어 있는지 여부다. 전문화된 부분이 아니면 아웃소싱이 바람직하다. 전문화된 부분에 대해 용역업체에게 의존할수록 용역업체의 협상력이 강해질 수 있기 때문이다. 따라서 용역은 비전문화된 부분만을 맡겨야 한다. 단 보완자산이 전문화된 영역이라 해도 내 사업을 영위하는 데 있어 상당히 중요한 요소가 아니라면, 아웃소싱이 바람직하다.

　둘째, 사업과 기술관점에서 내 위상이 강한지 여부다. 만약 내 위상이 강하다면 아웃소싱이 바람직하다. 협상력에서 우위를 가질 수 있기 때문이다.

셋째, 현금보유 상황을 고려해야 한다. 당연히 현금보유 사정이 좋을 때에는 아웃소싱이 바람직하다.

T-캔버스와 워크시트의 활용

지금까지 설명한 개념에 기초하여 T-캔버스의 '제품위험 극복 및 사업개발' 영역의 구성요소를 설명하면 아래와 같다.

고객 → 접점	문제 → 속성	해법 → 제품서비스	제품개발 파트너

고객·접점(B2B 모델은 구매담당자가 접점)

- 고객을 최대한 나열한다.
- 1년 내 공략할 고객접점 선택한다.
- 구매자와 사용자를 구분한다.

문제·속성

- (접점 고객외) 문제를 서술하고 가급적 단어로 요약한다.
- 단, 기술 아이템의 경우 엔지니어(사용자)의 언어로 서술 후
  → 시장(구매담당자, 투자자)의 언어로 바꾸는 작업이 포함된다.

해법·제품서비스

- 고객 문제의 해결방법은?
- 이를 제품과 서비스로 디자인하면?

제품개발 파트너

- 제품 개발 시 외부의 파트너가 필요하다면 기술한다.
- 파트너와의 협상력을 검토한다.

㈜레이다솔루션의 해양레이더 시스템 사례를 정리하면 아래와 같다.

작성예시 **해양레이더 시스템의 사례**

고객 → 접점	문제 → 속성	해법 → 제품서비스	제품개발파트너
· 해양수산부 국립해양조사원 · 해양연구원 · ○○대학 · 해군	· 1000w 정도의 고출력 증폭불가 · 빔포밍 불가 ↓ · 더욱 빠른 데이터 처리간격(60·30분) · 전파간섭을 최소화 →안정적 측정 가능	실시간(30분 단위) 해수유동정보관측을 위한 FMICW 레이더 시스템 및 실시간 유지보수 서비스	영국 NEPTUNE사 →조인트벤처 추진 부품제조업체(안테나, 송수신기, 단말) →공급 안정성 기확보

지금까지 우리는 제품위험 극복 및 사업개발을 하기 위해 '고객 · 접점', '문제 · 속성', '해법 · 제품서비스', '제품개발 파트너' 네 가지 구성요소를 검토했다. 그리고 이를 검토한 후 어떤 제품이나 서비스가 고객의 '심각한 문제를 해결'할 때 우리는 그 제품이나 서비스를 '가치있다'고 표현했다.

이번에는 이와 관련하여 고객에게 어떻게 가치를 제안할 것인지 살펴볼 것이다. 참고로 '경로위험 극복 및 가치제안' 영역의 모든 구성요소는 '제품위험 극복 및 사업개발' 영역으로부터 도출된다.

비즈니스 모델링 3

고 객 에 게

어 떻 게

가 치 를

제안할 것인가

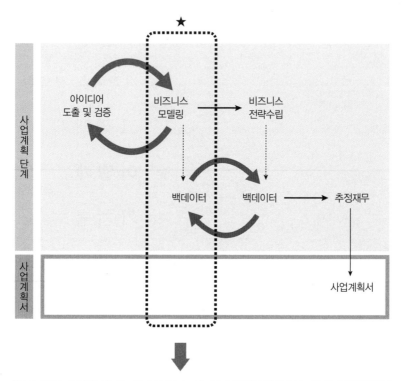

사업계획단계			
아이디어 도출 및 검증	비즈니스 모델링 → 비즈니스 전략수립		
	백데이터	백데이터 → 추정재무	
사업계획서			사업계획서

P(정치/제도)	E(경제)	S(사회/문화)	T(기술)
고객 → 접점	문제 → 속성	해법 → 제품서비스	제품개발 파트너
제품위험 극복 및 사업개발 영역 : 바텀업 접근법			
접점공략/파트너	경쟁재/대체재	비교우위/비교지표	유통채널
경로위험 극복 및 가치제안 영역			
조사검증대상	측정지표	방법 및 계획	피드백데이터

경로위험 극복 및
가치제안 영역에서는
무엇을 다루는가

흔히 가치^{Value}있는 제품·서비스를 제공해야 한다고 말한다. 여기서 말하는 '가치'란 대체 무엇이란 말인가.

한 마디로 정리한다면, 고객의 문제를 해결할 수 있을 때 '가치있다'고 표현한다. 그리고 이 고객의 문제가 심각하면 할수록 가치는 높아진다. 고난이도의 기술을 적용한 솔루션을 시장에 내놓았어도 고객이 심각하게 인식하지 않는 문제만 해결하고 있다면, 이는 가치있는 솔루션이 아닌 것이다.

가치는 다양한 모습으로 드러날 수 있다. 고객의 문제가 다양하기 때문이다. 오스터왈드는 저서《비즈니스 모델의 탄생》에서 고객의 가치에 대해 다음과 같이 서술하였다.

- 새로움
- 커스터마이징
- 디자인
- 가격
- 리스크 절감
- 편리성/유용성
- 퍼포먼스
- 무언가를 '되게' 만드는 것
- 브랜드 지위
- 비용절감
- 접근성

이러한 가치는 앞단의 '제품위험 극복 및 사업개발 영역'에서 충분히 검토했다. 이번 영역에서는 '가치를 어떻게 제공할지'에 대해 검토하는 것이다. 이는 창업자의 경로위험과 밀접한 관련이 있으며, 이를 통해 창업자가 빠지기 쉬운 위험 중 하나인 경로위험을 극복할 수 있게 됨을 확인할 수 있다.

어떻게 팔 것인가를
공략한다
접점공략/파트너

고객 → 접점	문제 → 속성	해법 → 제품서비스	제품개발 파트너
↓	↓	↓	↓
접점공략/파트너	경쟁재/대체재	비교우위/비교지표	유통채널

앞단에서 '고객·접점'을 통해 명확한 타깃 고객을 설정했다면 이 영역에서는 접점고객에게 '어떻게 팔 것인가'를 고민한다. 즉 초기 시장진입 전략을 구상하는 것이다. 그리고 시장진입 시 도움이 될 만한 주체를 검토하고 이에 영향력을 줄 수 있는 주체 역시 살펴야 한다.

조금 더 구체적으로 들여다보자.

여기서 말하는 '접점공략/파트너'는 '접점공략 전략/접점공략 파트너'의 줄임말인데, 고객·접점에서 나의 제품·서비스를 알리거나 판매하는 데 활용할 수 있는 주체(사람, 조직, 시스템)를 의미한다. 제품위험 극복 및 사업개발 시 제품개발 파트너의 도움을 받아 솔루션을 개발했다면, 경로위험 극복 및 가치제안 시에는 접점공략전략 파트너를 통해 이 솔루션을 알리고 판매하고 전달할 수 있을 것이다.

물론 이 역시 협상력에 대한 검토가 필요하며, 이에 대해서는 뒤에서 살펴볼 문제해결 제품개발 파트너 항목에서 자세히 설명할 것이다.

최근 청년창업 아이템 중 자주 보이는 분야가 '농업'이다. 초창기 농민들이 스스로 홈페이지를 만들어 농산물을 판매하는 방식으로 창업했다면, 최근에는 청년 창업자들이 소셜미디어, 스마트폰 어플리케이션에 접목시켜 직거래를 대행하고 소정의 중간 수수료를 수익원으로 삼고 있다.

이들은 소셜미디어를 고객과의 관계형성 수단으로 삼는다. 둘밥(www.doolbob.co.kr)이라는 농산물 직거래 업체가 그 예이다.

이들은 생산자를 직접 찾아가 인터뷰하고, 상품에 대한 스토리를 만든다. 그리고 농사일을 돕기도 하고 생산자와 관계를 형성한다. 이 모든 것이 스토리 콘텐츠가 되고 이는 그들의 홈페이지와 소셜미디어에 공유된다.

둘밥은 단순히 홈페이지를 통해 물건만을 파는 것이 아니라 '관계'를 만들어가는 데 집중한다. 이러한 관계형성 과정은 중간 판매자로서 이들이 공략해야 할 두 대상인 생산자와 도시소비자를 공감시킨다. "아, 진정성이 있구나." 생각하게 하는 것이다.

하지만 이 역시 B2C 모델에 적합할 뿐이다. B2B 모델 비중이 높은 스타트업은 보통 고객사의 가치사슬상 한 기능을 담당하기 때문에 고객사의 운영프로세스의 효율, 혹은 제조공정 비용 절감을 목표로 하는 아이템을 제공하게 된다.

따라서 B2B, B2G 모델에서는 접점공략 방법 및 파트너가 달라지는 만큼, 제품 및 서비스를 알리고 판매하고 전달할 때 다음의 내용을 고려해야 할 것이다.

표28 **B2B, B2G 모델에 따른 접점공략/파트너 공략 방식**

	B2B 모델	B2G 모델
접점공략/파트너	구매담당자	구매담당자(공무원)
방식	VOC를 통한 고객가치 구매담당자 성향분석	VOC 구매담당자 성향분석 언론플레이

여기서 또 한 가지 중요한 점은 기술창업의 경우 접점공략·파트너에게 나의 제품·서비스를 알릴 때 구성요소(문제·속성)에서 검토한 키워드, 즉 시장의 언어를 사용해야 한다는 점이다. 구매자는 구매담당자이지만 사용자는 엔지니어인 경우가 많기 때문이다.

내 아이템과
경쟁관계에 있는 대상은?

경쟁재/대체재

고객 → 접점	문제 → 속성	해법 → 제품서비스	제품개발 파트너
↓	↓	↓	↓
접점공략/파트너	경쟁재/대체재	비교우위/비교지표	유통채널

고객의 문제를 기존 '어떤' 아이템이 '어떻게' 해결해주고 있는가.

내 제품(혹은 서비스)의 정체를 명확하게 하기 위해서는 고객이 자신의 문제를 해결하기 위해 기존의 어떤 솔루션을 구매하고 있는지를 살펴보는 것이 매우 유용할 것이다.

이 책에서 계속해서 예를 들고 있는 해양레이더 시스템의 경우, 명확하게 드러나는 기존 솔루션(경쟁제품)이 있지만 "고객이 어떤 문제를 가지고 있는가?"라는 관점에서 살펴보면 드러나지 않은 경쟁자(경쟁제품 혹은 대체재)가 나타날 수도 있다.

다시 말해 해양레이더 아이템은 해양기상관 측장비 부이Buoy♦가 경쟁자로 나타난다. 해양레 이더 시스템으로 탐지하는 해수유동 정보는 부이를 통해서도 측정할 수 있기 때문이다.

♦ 부이 배가 항만에 정박할 때에 닻을 내리는 대신에 닻의 사슬을 매어 두어 배를 붙들어 맬 수 있 게 설치한 부표를 말한다.

쉬운 이해를 위해 B2C 모델 아이템인 소화제로 예를 들어보자. 약 국과 슈퍼에서 판매하는 소화제A의 경쟁자는 무엇일까?

대개 소화제B, 소화제C로 생각한다. 하지만 '속이 더부룩하다'는 고객의 문제 관점에서 살펴보면 경쟁재·대체제가 달라지기 마련이 다. 속이 더부룩할 때 청량음료를 마시기도 하고 경우에 따라 자전거 를 타기도 하니 말이다.

이럴 경우 소화제는 대체재인 청량음료, 자전거와 경쟁관계가 형성 될 수도 있다.

따라서 내 아이템의 비교우위를 검토하기 전에, 경쟁재와 대체재를 구분지어 살펴보면 보다 명확하게 고객 문제를 인식할 수 있게 된다. 이 과정을 통해 이후 '경로위험 극복 및 가치제안 영역'의 구성요소 인 '비교우위/비교지표' 항목을 보다 구체적으로 살펴볼 수 있을 것 이다.

내 제품의
경쟁력은 무엇인가
비교우위/비교지표

고객 → 접점	문제 → 속성	해법 → 제품서비스	제품개발 파트너
↓	↓	↓	↓
접점공략/파트너	경쟁재/대체재	비교우위/비교지표	유통채널

'비교우위/비교지표' 영역은 내 제품과 서비스가 경쟁자에 비해 어떤 비교우위를 가지는지를 검토하는 것이다. 다만 스타트업은 기술창업의 특성상 경쟁기술과 비교하여 살펴보아야 한다.

기술창업에서 비교우위는 보통 '기술의 독특성'을 통해 도출되는데 기밀유지 등의 이유로 경쟁기술의 특성을 알 수 없는 경우가 많다. 따라서 현실적으로 비교·분석이 힘든 경우에는 기술적용 제품 간의 비교우위를 정리한다.

참고로 젠 모델의 '비교우위'를 알아보자. 젠 모델에서는 해법의 전략적 요소로 비교우위를 언급하며 세 가지 질문을 던진다.

- 내가 제시하는 해법은 고객의 문제를 풀어주는 (또는 완화시켜주는) 다른 경쟁 해법 대비 어떤 비교우위가 존재하는가?
- 해당 비교우위는 고객이 여러 가지 대안 중에 반드시 나를 택할 정도로 강력하고 매력적인가?
- 고객이 내가 제시하는 해법을 수용하기 위해 추가적으로 치러야 할 대가(행동변화 요구 등)는 없는가?

물론 이와 같은 질문은 기술창업의 바텀업 방식에서 짚고 넘어가는 내용들이다. 바텀업 방식은 탑다운 방식으로 걸러진 산업과 시장에 내가 가진 기술 혹은 제품 콘셉트를 적용해보는 과정이다.

이를 위해 내 기술을 치밀하게 분석하고, 기술이 적용될 제품을 구매할 고객, 경쟁자, 선도기업 등에 대해 분석한 후 제품의 가격, 양, 그리고 채택비율에 대해 예측하는 과정을 거치는 등 구체적인 사업계획을 세우고 검증하면 된다.

표29 경쟁제품 비교표

제품(제작사)	모노폴 형태		어레이 형태	
	SeaSonde (CODAR)	㈜레이다솔루션	WERA◆ (Helzel)	Pisces (NEPTUNE)
설치 공간	좁음	좁음	넓음	넓음
변조 형태	FMICW	FMICW	FMCW◆◆	FMICW
주파수 합성기	DDS	Fractional-N	DDS	Fractional-N PLL
자료 취득 간격	60분	30분	10분	10분
시스템 구성	소형	소형	대형	대형
판매가격(천원)	300,000	200,000	400,000	600,000
연판매액(천원)	(비공개)	–	(비공개)	(비공개)

◆ WERA Wellen(Wave) radar
◆◆ FMCW Frequency modulated continuos wave

위 표는 중기청 창업성장기술개발사업에 지원했던 사업계획서의 일부다. 안테나의 형태에 따라 자사인 ㈜레이다솔루션 및 경쟁업체의 제품분류를 했고, 설치 공간, 변조 형태, 주파수 합성기, 자료 취득 간격, 시스템 구성, 판매가격별로 비교를 했다.

자사의 주요 경쟁자가 SeaSonde(CODAR)이기 때문에, 자료 취득 간격 및 판매가격에 우위를 보이고 있음을 어필하고 싶었다. 참고로 비교집단인 WERA(Helzel)은 국내에 단 한 대만 도입된 상태이며, Pisces(NEPTUNE)은 ㈜레이다솔루션의 협력업체이다.

보이지 않는
고객군까지 보인다
유통채널

고객 → 접점	문제 → 속성	해법 → 제품서비스	제품개발 파트너
⬇	⬇	⬇	⬇
접점공략/파트너	경쟁재/대체재	비교우위/비교지표	유통채널

    창업자가 제품개발 파트너 전략을 세우다 보면, 유통채널을 조사하는 과정 중에 새로운 진입시장을 발견하기도 한다. 내가 다룰 아이템과 관련한 공급자와 유통업자, 최종 구매자까지 정리하다 보면 안 보이던 고객군이 드러나는 것이다. 예를 들어 B2B 모델만 생각했는데, B2C 모델까지 확장할 수도 있다.

    앞서 제시했던 전자책 시장의 거래관계를 다시 살펴보자.

표30 Main Player 간 거래관계 현황

콘텐츠 제작기획	출판저작, 보안	유통	소비자
교보문고	지니소프트	교보문고	도서관
웅진씽크빅	유니닥스	인터파크(비스킷)	
예림당	모글루	네이베북스	공공기관 (지자체, 국가기관) 및 기업체
삼성출판사	애슬로	라디북스	
KPC(한국출판컨텐츠)	파수닷컴	애플(이이툰즈)	B2C
신문사	마크애니	웅진씽크빅(메키아)	
	예스소프트	예림당(예림디지털)	
	e-KPC(한국출판컨텐츠)	삼성출판사(삼성북스)	
		이동통신사	
		신문사	
		단말기	
		K-ePUb(한국이퍼브)	

이 아이템은 E-Pub 기술을 활용한 전자책 저작서비스였다. 당시
창업팀은 E-Pub 기술을 활용하여 보안DRM을 제외한 모든 영역에
진입하려고 하였으나 거래관계를 조사한 후 출판 저작시장으로 진입
을 결정을 바꾸었다. 이유인즉슨 콘텐츠 제작기획, 유통 영역에 부분
에 대한민국 국민이라면 알 만한 주요 기업들이 포진해 있었기 때문
이다.

이들과 경쟁하려면 엄청난 자원을 투입해야 하기 때문에 빠른 매
출을 올리기 위해 출판저작 영역에 모든 역량을 집중하기로 한 것이

다. 이처럼 거래관계 조사를 통해 기회와 위험요인에 대해 통찰할 수 있다는 점은 앞서 '위험요소 및 기회요소 탐색' 영역에서 검토한 바 있다. (Part3 참조)

유통채널을 조사하는 과정 중에 새로운 고객군에 대한 통찰을 얻게 되는 경우도 있다. 표31은 수술용 봉합실을 생산 판매하는 ㈜메타바이오메드의 유통채널이다. 이를 보면 이 회사는 B2B, B2C 거래관계의 고객들이 있음을 확인할 수 있다.

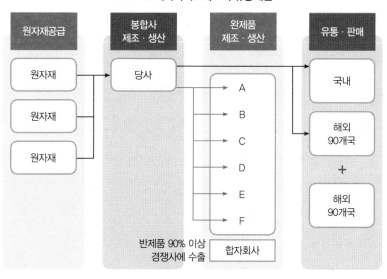

표31 ㈜메타바이오메드의 유통채널

T-캔버스와 워크시트의 활용

지금까지 설명한 개념에 기초하여 T-캔버스의 '경로위험 극복 및 가
치제안' 영역의 구성요소를 설명하면 아래와 같다.

고객 → 접점	문제 → 속성	해법 → 제품서비스	제품개발 파트너
↓	↓	↓	↓
접점공략/파트너	경쟁재/대체재	비교우위/비교지표	유통채널

접점공략/파트너

- 고객접점을 공략하기 위한 방법을 다양하게 고민한다.
- 위의 방법 수행에 도움을 행할 만한 파트너(협력자, 영향력자)는?
- 위의 파트너와의 협상력은?

경쟁재/대체재

- 내 아이템의 경쟁 제품/서비스는?
- 내 아이템의 역할을 대체할 수 있는 대체자는?

비교우위/비교지표

- 경쟁재, 대체재 대비 비교우위를 정리한다.

- 표로 만들기 위한 비교지표를 검토한다.

유통채널

- 내 아이템의 전 후방 거래관계를 검토한다. (예를 들어 공급자 – 나 –
  유통업자 – 고객접점 간의 거래관계 등을 정리한다.)

㈜레이다솔루션의 해양레이더 시스템의 사례를 T-캔버스로 정리
하면 아래와 같다.

작성예시 해양레이더 시스템의 사례

접점공략/파트너	경쟁재/대체재	비교우위/비교지표	유통채널
· 경쟁사와의 공동 필드 테스트 → 기술력 입증 및 인지도 확보 · 해양학회 등 각종 학회 참석을 통한 구매담당자와의 네트워크 구축	· 경쟁재 →CODAR(미국), WERA(독일) · 대체재 →부이(Buoy)	· 주요 경쟁재 (CODAR Radar) dp 비해 데이터 처리속도가 두 배 빠름 · 기존의 연구측정용이 아닌 재난방지용 레이더기술을 적용하여 측정안정성이 매우 높아 한국 지형에 적합함	부품제조/소프트웨어 개발 → 조립 → 소프트웨어 후처리 알고리즘 개발 → 유통업자 → 최종고객→A/S

지금 비즈니스 모델링과 사업계획 수업을 할 때 가장 강조하는 것이 바로 현장감이다. 학생들에게는 책상 앞에서 구상한 비즈니스 모델을 반드시 현장에서 검증해보고, 업그레이드해보라고 주문한다. 그 과정에서 내 사업아이템은 좀 더 정교해지기도 하고, 완전히 다른 아이템으로 바뀌기도 한다. 이번 장은 바로 이런 현장감을 통해 내 비즈니스 모델의 구성요소를 업그레이드 하는 과정이다.

비즈니스 모델링 4

지금까지의
사업계획을
현장에서
점검하라

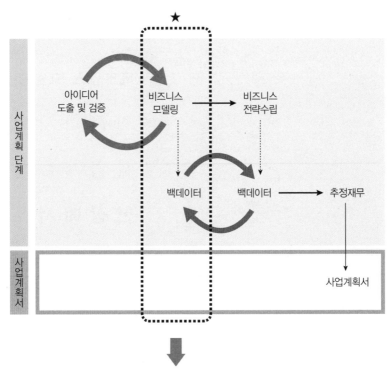

★

사업계획 단계			
아이디어 도출 및 검증	비즈니스 모델링 → 비즈니스 전략수립		
	백데이터　　백데이터 ⟶ 추정재무		

사업계획서			
			사업계획서

P(정치/제도)	E(경제)	S(사회/문화)	T(기술)
고객 → 접점	문제 → 속성	해법 → 제품서비스	제품개발 파트너
접점공략/파트너	경쟁재/대체재	비교우위/비교지표	유통채널
경로위험 극복 및 가치제안 영역			
조사검증대상	측정지표	방법 및 계획	피드백데이터
실행 및 피보팅 영역			

시장에서 업그레이드하고
검증하는 과정은 필요하다

사업계획은 수많은 가설을 검증하는 과정이다. 모 제약회사에서 영양제(A영양제라 하자) 총판권을 받아와 영업을 할 때의 일이다. 60~70년대에 유행했던 A영양제를 국내 기술로 다시 런칭한 제품이었는데, 제약회사도 나도 모두 "사람들이 추억 때문에 이 영양제를 다시 찾을 것이다"라고 믿고 있었다. 실제로 A영양제 광고를 승합차에 랩핑광고하고 다니는데 길가는 행인이 "아! A영양제가 아직도 나와요?"하면서 두박스를 구입해간 경우도 있었다.

하지만 실제 영업을 해보니 "요즘 좋은 영양제가 얼마나 많은데 A영양제가 그보다 좋겠어?"라는 반응이었다. 그래서 예전 A영양제와 비슷한 맛이지만 완전히 다른 천연성분으로 만든 영양제라는 것을 한참 설명해야 했다.

결국 처음에 생각했던 가설 "사람들이 추억 때문에 A영양제를 찾을 것이다"는 "사람들은 추억이 아닌 영양제의 효능으로 영양제를 구입한다"로 수정했고, 이에 따라 홍보와 마케팅 문구도 모두 수정해야 했다. 고객에게 접근하는 데 있어, "다시 돌아온 추억의 A영양제" 따위의 문구는 지워버리고 "천연 성분"을 어필한 것이다. 오히려 추억의 A영양제라는 이미지 때문에 영업에 방해가 되기도 했다.

그동안 사업에 필요한 다양한 요소들을 검토·정리해왔다. 이제 '실행 및 피보팅' 항목을 통해 창업자는 그간의 작업 중 부족했던 부분을 보완하고 시장에서 검증을 해볼 차례다.

린스타트업 방법론에서 언급하듯, 얼리어답터에게 판매할 수 있는 최소요건제품이 있다면 매우 좋다. 그러나 그렇지 않은 경우라 해도 현장에서 실행해보고 점검하는 과정은 매우 유용하다.

그 이유는 비즈니스 모델을 구성하는 항목들을 시장에서 검증해보며 업그레이드할 수 있고, 사업진행과정 중 설정했던 가설들을 검증해볼 수 있기 때문이다.

예를 들면 다음과 같다.

작성예시 해양레이더 시스템의 T-캔버스

P(정치/제도)	E(경제)	S(사회/문화)	T(기술)
[기회요인] 해양수산부는 2017년까지 800여 대, 2800여억 원 투자계획(근거. 실시간 해수유동정보제공시스템 구축계획, 국립해양조사원, 2010.4) [위험요인] 정책의존도 심함. 예산부족을 이유로 예산집행이 늦어질 경우 매출에 악영향 가능		[기회요인] 현재 도입된 모든 제품이 외산제품·국산화 당위성 [위험요인] 현재 국내 도입된 전 제품이 외산제품임·'국내 기술력에 대한' 선입견으로 인한 진입장벽 존재	[기회요인] 시스템 모듈개발을 통한 다양한 어플리케이션 구현 가능 기술적 난이도가 높은 해양레이더 시스템 기술·기술력으로 진입장벽 높일 수 있음

고객 → 접점	문제 → 속성	해법 → 제품서비스	제품개발 파트너
· 해양수산부 국립해양조사원 · 해양연구원 · ○○대학 · 해군	· 1000w 정도의 고출력증폭불가 · 빔포밍 불가 ↓ · 더욱 빠른 데이터 처리간격(60 · 30분) · 전파간섭을 최소화 → 안정적 측정 가능	실시간(30분 단위) 해수유동정보관측을 위한 FMICW 레이더 시스템 및 실시간 유지보수 서비스	영국 NEPTUNE사 → 조인트 벤처 추진 부품제조업체(안테나, 송수신기, 단말) → 공급 안정성 기확보

접점공략/파트너	경쟁재/대체재	비교우위/비교지표	유통채널
· 경쟁사와의 공동 필드 테스트 → 기술력 입증 및 인지도 확보 · 해양학회 등 각종 학회 참석을 통한 구매담당자와의 네트워크 구축	· 경쟁재 → CODAR(미국), WERA(독일) · 대체재 → 부이(Buoy)	· 주요 경쟁재(CODAR Radar)dp 비해 데이터 처리속도가 두 배 빠름 · 기존의 연구측정용이 아닌 재난방지용 레이더기술을 적용하여 측정안정성이 매우 높아 한국 지형에 적합함	부품제조/소프트웨어 개발 → 조립 → 소프트웨어 후처리 알고리즘 개발 → 유통업자 → 최종고객 → A/S

조사검증대상	측정지표	방법 및 계획	피드백데이터
· A1) 해외 고객은 없는지 살펴보자. · A2) 대한민국에는 어떤 학회가 있는지 살펴보자. · B1) 가설: "해양수산부는 레이더시스템의 국산화를 원한다"	· A1) 해양재난 빈도 수 파악 · A1) 해양레이더 구축현황 등 파악 · A2) 학회명 정리, 세미나 일정 확인 · B1) 국산화 당위성 검토 논문 수 / 사용자 만족도와 이에 대한 구매자 인식도	· A1) 인터넷 검색 및 NETUNE사의 해외네트워크 활용 · A2) 인터넷 검색 · B1) 국산화 당위성 검토 관련 논문 조사 / 해양레이더 관련자 인터뷰 및 VOC	· KOICA를 통해 파악된 해외 재난관련 시스템 · 해양학회, 전파학회 · 현장 엔지니어(사용자)의 니즈 파악 완료

앞 페이지의 표를 보면 '제품위험 극복 및 사업개발' 과정에서 살펴보았던 '고객·접점' 항목에서 정리한 고객을 '조사검증대상'으로 삼았다. 현재 해양레이더 시스템을 구매하는 고객들은 모두 대한민국 내에 존재한다. 하지만 이런 의문이 들 수 있다.

"해외고객은 없나?"

또한 '경로위험 극복 및 가치제안' 과정에서 살폈던 '접점공략·파트너'을 정리하다가 아이디어가 떠오를 수 있다.

"학회참여를 통해 우리 제품을 알릴 수 있는 기회가 있다면, 미리미리 대한민국의 관련학회를 찾아볼까?"

이런 방식으로 '실행 및 피보팅' 영역은 '위험요소 및 기회요소 탐색', '제품위험 극복 및 사업개발', '경로위험 극복 및 가치제안' 영역을 수행하는 과정 중에 의문이 일어나는 내용을 정리하고 수행할 방법을 구상하는 것이다.

정리하자면 이 영역은 비즈니스 모델의 구성요소를 업그레이드하는 과정이며, 위의 세 영역을 수행하며 떠오르는 아이디어 상황판이라 생각하면 된다.

또한 현재 도입된 모든 해양레이더 시스템이 외산제품이라는 이유로 나는 "해양레이더의 국산화 니즈가 존재할 것"이라는 가설을 세웠

으나, 이 역시 시장에서 검증할 필요가 있다. 이렇게 비즈니스 모델의 구성요소를 검토하는 과정 중에 세운 가설에 대한 현장 검증 역시 이 영역에서 수행한다.

구성요소 업그레이드 및 가설 검증 방법

위 세 영역의 구성요소를 업그레이드하고 가설을 검증하는 방법은 다음과 같다.

- 조사검증대상 위의 12가지 구성요소를 검토하는 과정 중 조금 더 구체적인 조사가 필요한 사항은 무엇인가? 위의 구성요소를 정리 하는 과정 중에 수립된 가설들이 존재하는가?

- 측정지표 구체적으로 무엇을 조사할 것인가? 가설을 검증하기 위 해 어떤 요소들을 측정할 것인가?

- 방법 및 계획 조사, 검증을 수행하기 위한 방법은 무엇인가? 예) 인터뷰, VOC, Key-man, 실내조사

- 피드백데이터 조사와 검증을 수행하며 업그레이드된 데이터를 위 구성요소에 반영하여 구성요소를 세밀하게 만든다.

참고로 이 작업을 위해 다양한 기법을 활용할 수 있는데, 대표적인 기법인 VOC와 인터뷰에 있어 알아두어야 할 만한 사항들을 정리하고 넘어가도록 하겠다.

VOC Voice Of Customer

고객과의 공감을 이끌어내기 위한 사전작업이다. VOC는 고객접근 '전략'과 관계가 있다. (전략이 '실행'에 중점을 둔 개념이란 것은 이미 언급했다.)

스타트업 사업계획 수립 시 VOC는 초기 아이디어 기획단계 중 엔지니어의 의견을 물을 때, 전략수립 전 단계에서 사용자·경쟁자·공급자 의견을 들을 때 사용된다. 즉 아이디어 단계에서 정보수집 단계로 넘어갈 것인지를 판단하는 시점과 정보수집 단계에서 전략개발 단계로 넘어가는 시점에서 이루어지는 수단인 것이다.

실시 방법은 B2C, B2B, B2G 모델에 따라 차이가 있다.

먼저 B2C 모델의 경우 스스로 고객이 되어보는 것이다. 이때 스스로 연구라고 생각하지 말고 자연스럽게 사용하고 그 경험을 '말과 글'로 표현할 수 있어야 한다. 이를 위해 수행절차와 사례들을 관리해야 한다.

또 하나의 방법은 '관찰'이다. 엔지니어들이 이용자를 관찰하거나 주부들을 관찰하는 것을 예로 들 수 있는데, 광범위한 소비자 유형을 관찰하는 것이므로 많은 시간과 비용이 든다는 문제가 있다. 더구나 소비자의 행동을 의미있는 문장으로 표현해야 하기 때문에 이 역시 '말과 글'로의 표현 능력이 매우 중요하다.

관찰은 당연히 면밀히 하여야 하며, 정상적인 사용자와 비정상적인 사용자 모두를 관찰한다. 최근 왕성히 활동하는 미스터리쇼퍼◆ 같은 경우가 이와 같은 활동을 하고 있다.

> ◆ **미스터리쇼퍼** 일반 고객으로 가장하여 매장을 방문하여 물건을 사면서 점원의 친절도, 외모, 판매기술, 사업장의 분위기 등을 평가하여 개선점을 제안하는 일을 하는 사람을 미스터리쇼퍼라고 부른다. 내부 모니터 요원이라고도 한다. 상품의 질과 더불어 서비스의 질에 대한 소비자의 평가에 따라 기업의 매출이 큰 영향을 받게 되면서 생겨난 새로운 직업 가운데 하나이다. 이들은 직접적으로 소비자의 평가를 파악하기가 어려운 기업을 대신하여 소비자의 반응을 평가한다. 이들은 매장을 방문하기 전에 해당 매장의 위치, 환경, 직원 수, 판매제품 등에 대한 정보를 파악한다.

인터뷰

인터뷰를 하기 위해서는 방문을 해야 하는데, 이때의 고객방문은 측정이나 계량, 혹은 시험이 아니라는 점을 명심해야 한다. 즉 정성적 평가인 것이다.

고객방문은 팀을 구성하여 하는 것이 좋다. 인터뷰어, 기록자, 관찰자 세 명 정도가 적당하다. 이 경우 가능하다면 주위환경을 사진촬영하는 것이 좋고, 예정된 시간 내에 모든 인터뷰를 끝내야 한다.

또한 인터뷰 시 추론과 판단이 아닌 사실을 말해야 한다. "이 색은 아주 멋지다."는 판단이다. "이 사진에 표현된 노란 색은 바나나의 노란색과 같다."라고 표현해야 사실이 된다.

"오늘은 정말 더웠다."와 같은 표현 또한 "오늘은 섭씨 34도에 달했다."고 사실로 표현해야 한다. 표32는 사업유형별 인터뷰 질문 예시다.

표32 사업유형별 인터뷰 질문 예시

유형별	분류	세부 질문
B2C 질문사항	고객 문제	고객들은 아픈가?
		아프다면 어디가/얼마나 아픈가?
	기존(경쟁) 제품 문제	기존 제품에 대하여 불만이 있는가?
		있다면 무엇이고/ 어느 정도인가?
	제품 사양	구매 시 가장 중요한 제품 사양은 무엇인가?
		추가적인 제품사양이 필요한가?
		필요하다면 무엇인가?
	고객 구매	고객들은 무엇 때문에 당신의 제품을 사려 하는가?
		얼마 정도의 가격을 지불할 것인가?
		어떤 형태(모양)로 구매하기를 원하는가? (예: 병, 캡슐 등)
		어떤 경로로 제품을 구매하기를 원하는가?
		제품 구매 주기는 어떠한가?
		1회 구매 시 구매량은 어느 정도인가?
B2B 질문사항	기업고객 문제	고객들은 아픈가?
		아프다면 어디가/얼마나 아프나?
	매출증대 효과	본 제품을 이용할 경우 매출증대가 있다고 생각하는가?
		있다면 어느 정도로 매출이 증대할 것으로 보는가?
		본 제품을 이용할 경우 어떤 요소가 매출을 증대시켜줄 것으로 보는가?

B2B 질문사항	비용절감 효과	본 제품을 이용할 경우 생산비용을 절감할 수 있다고 생각하는가?
		있다면 생산효율성이 어느 정도 증가할 것이라고 보는가?
		본 제품을 이용할 경우 어떤 요소가 비용절감의 효과를 줄 수 있다고 보는가?
	기존(경쟁) 제품	기존 제품에 대하여 불만이 있는가?
		있다면 무엇이고/ 어느 정도인가?
		본 제품을 이용하는 제품에 대한 생산계획은?
		본 제품을 이용하는 신제품 개발 계획은?
	제품 사양	구매 시 가장 중요한 제품 사양은 무엇인가?
		추가적인 제품사양이 필요한가?
		필요하다면 무어인가?
	기업고객 구매	고객들은 무엇 때문에 당신의 제품을 사려하는가?
		얼마 정도의 가격을 지불할 것인가?
		어떤 형태(모양)로 구매하기를 원하는가? (예 : 병, 캡슐)
		어떤 경로로 제품을 구매하기를 원하는가?
		제품의 구매 주기는 어떠한가?
		1회 구매 시 구매량은 어느 정도인가?

출처 : 《고객시장 분석론》, 김명숙, 한밭대 창업대학원 강의, 2012

T-캔버스와 워크시트의 활용

그동안 작업했던 캔버스 사례와 함께 ㈜레이다솔루션의 해양레이더 시스템 비즈니스 모델의 '실행 및 피보팅' 사례를 살펴보자.
T-캔버스를 활용한 피보팅 수행방법은 아래와 같다.

캔버스 트랙

- **조사검증대상** 비즈니스 모델링을 하며 업그레이드 할 구성요소의 내용을 정하고, 가설을 설정한다.
- **측정지표** 조사 검증대상의 세부적인 측정 항목을 정한다.
- **방법 및 계획** 세부 측정항목을 살펴볼 수 있는 방법을 검토한다.
- **피드백데이터** 조사 검증된 내용을 정리하고 비즈니스 모델의 관련 구성요소에 정리한다.

작성예시 조사검증대상 결정

P(정치/제도)	E(경제)	S(사회/문화)	T(기술)
[기회요인] 해양수산부는 2017년까지 80여 대, 2800여 원 투자계획(근거. 실시간 해수유동정보제공시스템 구축계획, 국립해양조사원, 2010.4) [위험요인] 정책의존도 심함. 예산부족을 이유로 예산집행이 늦어질 경우 매출에 악영향 가능		[기회요인] 현재 도입된 모든 제품이 외산제품·국산화 당위성 [위험요인] 현재 국내 도입된 전 제품이 외산제품임·'국내 기술력에 대한' 선입견으로 인한 진입장벽 존재	[기회요인] 시스템 모듈개발을 통한 다양한 어플리케이션 구현 가능 기술적 난이도가 높은 해양레이더 시스템 기술·기술력으로 진입장벽 높일 수 있음
고객 → 접점	**문제 → 속성**	**해법 → 제품서비스**	**제품개발 파트너**
· 해양수산부 국립해양조사원 · 해양연구원 · ○○대학 · 해군	· 1000w 정도의 고출력 증폭불가 · 빔포밍 불가 ↓ · 더욱 빠른 데이터 처리 격(60 · 30분) · 전파간섭을 최소화 → 안정적 측정 가능	실시간(30분 단위) 해수유동정보관측을 위한 FMICW 레이더 시스템 및 실시간 유지보수 서비스	영국 NEPTUNE사 → 조인트 벤처 추진 부품제조업체(안테나, 송수신기, 단말) → 공급 안정성 기확보
접점공략/파트너	**경쟁재/대체재**	**비교우위/비교지표**	**유통채널**
· 경쟁사와의 공동 필드 테스트 → 기술력 입증 및 인지도 확보 · 해양학회 등 각종 학회 참석을 통한 구매담당자와의 네트워크 구축	· 경쟁재 → CODAR(미국), WERA(독일) · 대체재 → 부이(Buoy)	· 주요 경쟁재(CODAR Radar)에 비해 데이터 처리속도가 두 배 빠름 · 기존의 연구측정용이 아닌 재난방지용 레이더기술을 적용하여 측정안정성이 매우 높아 한국 지형에 적합함	부품제조/소프트웨어 개발 → 조립 → 소프트웨어 후처리 알고리즘 개발 → 유통업자 → 최종고객 → A/S
조사검증대상	**측정지표**	**방법 및 계획**	**피드백데이터**
· A1) 해외 고객은 없는지 살펴보자. · A2) 대한민국에는 어떤 학회가 있는지 살펴보자. · B1) 가설: "해양수산부는 레이더시스템의 국산화를 원한다"	· A1) 해양재난 빈도 수 파악 · A1) 해양레이더 구축현황 등 파악 · A2) 학회명 정리, 세미나 일정 확인 · B1) 국산화 당위성 검토 논문 수 / 사용자 만족도와 이에 대한 구매자 인식도	· A1) 인터넷 검색 및 NETUNE사의 해외네트워크 활용 · A2) 인터넷 검색 · B1) 국산화 당위성 검토 관련 논문 조사 / 해양레이더 관련자 인터뷰 및 VOC	· KOICA를 통해 파악된 해외 재난관련 시스템 · 해양학회, 전파학회 · 현장 엔지니어(사용자)의 니즈 파악 완료

P(정치/제도)	E(경제)	S(사회/문화)	T(기술)
[기회요인] 해양수산부는 2017년까지 800여 대, 2800억 원 투자계획(근거. 실시간 해수유동정보제공시스템 구축계획, 국립해양조사원, 2010.4) [위험요인] 정책의존도 심함. 예산부족을 이유로 예산집행이 늦어질 경우 매출에 악영향 가능		[기회요인] 현재 도입된 모든 제품이 외산제품 · 국산화 당위성 [위험요인] 현재 국내 도입된 전 제품이 외산제품임 · '국내 기술력에 대한' 선입견으로 인한 진입장벽 존재	[기회요인] 시스템 '모듈개발을 통한 다양한 어플리케이션 구현 가능 기술적 난이도가 높은 해양레이더 시스템 기술 · 기술력으로 진입장벽 높일 수 있음

고객 → 접점	문제 → 속성	해법 → 제품서비스	제품개발 파트너
· 해양수산부 국립해양조사원 · 해양연구원 · ○○대학 · 해군	· 1000w 정도의 고출력 증폭불가 · 빔포밍 불가 ↓ · 더욱 빠른 데이터 처리간격(60 · 30분) · 전파간섭을 최소화 → 안정적 측정 가능	실시간(30분 단위) 해수유동정보관측을 위한 FMICW 레이더 시스템 및 실시간 유지보수 서비스	영국 NEPTUNE사 → 조인트벤처 추진 부품제조업체(안테나, 송수신기, 단말) → 공급 안정성 기획보

접점공략/파트너	경쟁재/대체재	비교우위/비교지표	유통채널
· 경쟁사와의 공동 필드 테스트 → 기술력 입증 및 인지도 확보 · 해양학회 등 각종 학회 참석을 통한 구매담당자와의 네트워크 구축	· 경쟁재 → CODAR(미국), WERA(독일) · 대체재 → 부이(Buoy)	· 주요 경쟁재(CODAR Radar)dp 비해 데이터 처리속도가 두 배 빠름 · 기존의 연구측정용이 아닌 재난방지용 레이더기술을 적용하여 측정안정성이 매우 높아 한국 지형에 적합함	부품제조/소프트웨어 개발 → 조립 → 소프트웨어 후유통업자 → 최종고객 → A/S

조사검증대상	측정지표	방법 및 계획	피드백데이터
· A1) 해외 고객은 없는지 살펴보자.	· A1) 해양재난 빈도 수 파악 · A1) 해양레이더 구축현황 등 파악	· A1) 인터넷 검색 및 NETUNE사의 해외네트워크 활용	→ KOICA를 통해 파악된 해외 재난관련 시스템
· A2) 대한민국에는 어떤 학회가 있는지 살펴보자.	· A2) 학회명 정리, 세미나 일정 확인	· A2) 인터넷 검색	→ 해양학회, 전파학회
· B1) 가설: "해양수산부는 레이더시스템의 국산화를 원한다"	· B1) 국산화 당위성 검토 논문 수 / 사용자 만족도와 이에 대한 구매자 인식도	· B1) 국산화 당위성 검토 관련 논문 조사 / 해양레이더 관련자 인터뷰 및 VOC	→ 현장 엔지니어(사용자)의 니즈 파악 완료

워크시트 트랙

지금부터 제시할 워크시트 작업은 '실행 및 피보팅' 영역과 직접 연결되는 부분은 아니다. 다만 창업 아이템과 관련된 시장 상황과 목표 시장에 진입하는 이유를 정리하고, 내가 활동할 시장에서 내 역량을 어필하기 위해 비교우위를 검토하는 부분이다.

사업계획서 작성 시 시장환경 분석항목을 기술하고, 경쟁자와 비교우위를 검토할 때 활용할 수 있다. 구체적인 작성 방법과 사례는 다음의 표와 같다. 역시 ㈜레이다솔루션의 해양레이더 시스템을 사례로 제시한다.

다음 페이지의 작성예시를 보면 시장을 구성하는 주체를 5가지 영역으로 나누어 정리했음을 알 수 있다. (앞서 언급했듯 원 고안자는 마이클 포터 교수이며, 5-포스 모델이라고 불리운다. 여기서 유통업체와 고객은 같은 축으로 여긴다.) 이 역시 기회와 위험요소를 분석하는 방법인데, 캔버스 영역의 '경로위험 극복 및 가치제안' 영역의 구성요소와 관련이 높아 이곳에 배열하여 서술했다.

정리하자면 공급자, 동업타사, 유통업체, 고객, 대체품, 즉 다섯 가지 요소를 중심으로

- 각 구성요소의 정의를 내리고(정의)
- 현재 어떤 상황인지 정리하고(상황)
- 활동 중인 주요업체 등을 정리하고(업체)
- 나와의 관계에서 누가 얼마나 힘이 강력한지 살펴본다(강도).

작성예시 **비교우위 검토를 위한 워크시트**

IN
신규참여
정의 ·········· 해당사항 없음
상황
업체 ·········· 업계의 특성상 신규참여
강도   업체는 매우 제한적임

공급자	동업타사	유통업체	고객
정의 레이더 하드웨어 부품 공급업체	정의 해양레이더 업체	정의 해당없음	정의 정부기관
상황 레이더 하드웨어만 생산하는 업체는 없으니, 생산기술 난이도가 낮아 공급업체 확보는 유리	상황 국내에 2개사 제품이 유통된 상황이니, 1개사가 90% 이상 점유	상황 국내에 들어온 약 30개의 레이더 시스템 → 유통업체 없음	상황 정부기관의 예산집행 여부에 따라 사업성패가 좌우됨
업체 ○○사, ○○사	업체 ○○사, ○○사	업체 해당사항 없음	업체 ○○기관, ○○기관
강도 공급사의 힘이 약함	강도 동업타사의 힘이 강함	강도 해당사항 없음	강도 고객시장이 매우 한정적으로 고객의 힘이 강력함

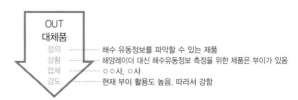

OUT
대체품
정의 ·········· 해수 유동정보를 파악할 수 있는 제품
상황 ·········· 해양레이더 대신 해수유동정보 측정을 위한 제품은 부이가 있음
업체 ·········· ○○사, ○사
강도 ·········· 현재 부이 활용도 높음. 따라서 강함

사업기회 도출	동업 타사의 힘이 강력하지만, 한 군데의 업체가 독점적으로 공급 중으로 서비스 유지보수에 어려움이 많음 → 국산화에 대한 니즈 존재
위험요소 도출	동업 타사의 힘이 강력 → 시장진입 대책이 필요 현재 해류유동정보를 측정하는 제품인 부이와 해양레이더를 비교 분석할 필요

여기서 힘의 세기를 판단할 때는 '나와의 거래관계'를 기준으로 판단하는데, 만약 공급업자가 너무 많다면 나와 거래하는 공급업자의 힘의 세기는 '나와 비교했을 때' 공급업자의 세기가 약한 것이다.

이 영역에서도 역시 각 구성요소들에 대한 정의, 상황, 기업체, 힘의 세기 등을 살펴보며 기회요인과 위험요인을 다시 한 번 검토한다.

이번에 살펴볼 것은 그동안 작업해온 탑다운 방식의 워크시트를 최종정리하여 사업기회와 위험요인을 정리하고 목표시장을 정리한 워크시트이다. 이 워크시트를 통해서 목표시장 내에 존재하는 고객접점의 니즈를 함께 파악하면 된다. 작성방법과 사례를 함께 살펴보도록 하자..

작성예시 **진입시장 결정을 위한 워크시트**

사업기회 도출	그동안 작성해왔던 탑다운 방식의 워크시트들의 결과물을 종합하여, 사업기회를 정리힌다. • 국내 운영 중인 해양레이더 시스템의 국산화 니즈 증가 • 해양레이더 시스템의 자사 기술력으로 기존 제품 대비 성능향상 및 가격경쟁력 창출 가능
사업위험 도출	그동안 작성해왔던 탑다운 방식의 워크시트들의 결과물을 종합하여, 사업위험을 정리하고 대응방안도 정리한다. • 국내 운영 중인 해양레이더 시스템의 개발업체는 두 군데이나 사실상 단독업체의 독점 상황→국내 기술력에 대한 신뢰성 확보가 필요함
산업기반 목표시장	탑다운 방식을 통해 살펴본 전체산업 및 시장 상황 등을 종합하여 목표시장을 설정한다. • B2G 거래관계 시장 중 ○○○사업을 1차 타깃으로 삼고 있음 • 3년 후 B2B 거래관계의 시장 진출을 교두보로 삼을 예정
목표시장 규모 및 성장성 (근거 명시)	시장자료 등을 통해 파악한 목표시장의 규모 및 성장성을 기입하고 출처를 댄다. • ○○○○○○어(시장규모) • ○○%(성장성) • 근거: ○○○○○동향보고서 및 해외시장 자료 ○○○참고
목표시장 내 접근 고객 (가능성, 매력도)	1년 내 매출을 발생시킬 수 있는 가능성 혹은, 발생시켜야 할(매력도) 고객군, 즉 고객 접점을 정리한다. 접점 수대로 기록한다. 해양수산부 국립해양조사원

	문제	고객문제 키워드	문제	고객문제 키워드	문제	고객문제 키워드
NEEDS 고객 문제	**문제** : 고객이 어떤 문제를 가지고 있는지 정리한다. 전문용어로 제출해도 된다. **고객문제 키워드** : 문제영역에서 정리한 내용을 한 단어나 구절로 표현한다. 만약 전문용어로 서술된 표현은 (기술전문가가 아닌 구매담당자도 이해할 수 있도록) 시장의 언어로 바꾼다.					
	1000W 정도의 고출력 증폭 불가	상대적으로 빠른 데이터 처리(기존 제품의 2배속) 전파간섭을 ○○%줄임				

또 하나의 워크시트는 위에서 정리된 고객 문제와 고객 문제 키워드를 통해 기술경쟁우위를 정리하는 과정이다. 작성방법은 다음과 같다.

- **고객문제 키워드** 진입시장 결정표에서 정리한 고객 문제 키워드를 다시 기입한다. 참고로 고객 문제 키워드는 시장의 언어로 표현되어야 한다. B2B 모델의 사업에서는 보통 사용자와 구매자가 다른데, 사용자는 현장 엔지니어인 경우가 많고 구매자는 전문 기술자가 아닌 경우가 많다. 따라서 구매 담당자가 이해할 수 있는 표현으로 정리되어야 한다.
- **기술명** 시장의 언어로 표현된 고객 문제 키워드를 구현할 수 있는 기술을 나열한다. 단독 기술일 수도 있고 여러 기술이 융합될 수도 있다. 사안에 따라 정리하면 된다.
- **자체구현 가능여부/ 보완가능 여부** 해당 기술을 자체구현할 수 있다면 '가능', 일부 구현할 수 있다면 '일부 가능' 등의 표현으로, 구현불가능하다면 '불가능' 등으로 표시하고 보완가능 여부를 정리한다. 이 경우 보완이 불가능할 경우 사업위험 요소로서 대비책이 필요하다.
- **경쟁기술 측정항목** 고객 문제를 해결할 수 있는 자사기술을 위에서 정리했다. 이제 이러한 기술을 구체적으로 측정할 수 있는 측정항목을 정리한다. 이는 경쟁기술과의 비교를 위함이다.
- **자사기술역량/경쟁사 혹은 경쟁제품 기술역량** 내 역량을 표시하고 경쟁사의 기술역량과 비교해본다. 보통은 기술역량이 구체적으

로 공개되지 않을 수도 있고, 경쟁사에서 신기술을 개발 중일 수도 있기 때문에 작성이 어렵다. 할 수 있는 데까지 해본다.

양식 **기술경쟁우위 정리 워크시트**

	고객문제 키워드	문제해결 세부기술			경쟁기술 측정항목	자사 기술역량	경쟁사 혹은 경쟁제품 기술역량	
		기술명	자체구현 가능여부	보완가능 여부			CODAR	WERA
접근고객	A	고출력 증폭기술 (1000W)	가능	해당없음	A	구현가능	구현불가	구현가능
	전파간섭을 ○○% 줄임				B	○○%	○○%	○○%
	D	○○ (1000W)	불가능	가능 - 기술이전				
접근고객	A							
	G							
	C							
접근고객	D							
	F							

비즈니스 모델링 스토리 과정

챕터3에서 챕터6까지 비즈니스 모델링 과정을 살펴보았다. 이를 다시 한 번 요약정리해보도록 하자.

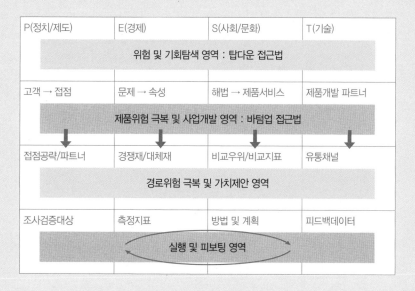

P(정치/제도)	E(경제)	S(사회/문화)	T(기술)
위험 및 기회탐색 영역 : 탑다운 접근법			
고객 → 접점	문제 → 속성	해법 → 제품서비스	제품개발 파트너
제품위험 극복 및 사업개발 영역 : 바텀업 접근법			
접점공략/파트너	경쟁재/대체재	비교우위/비교지표	유통채널
경로위험 극복 및 가치제안 영역			
조사검증대상	측정지표	방법 및 계획	피드백데이터
실행 및 피보팅 영역			

지금까지 우리는 스타트업 초기아이템의 사업계획을 위해 여러 단계를 거쳐왔다. '아이디어 도출 및 검증' 단계에서는 막연하게 생각했던 초기 아이디어를 빠른 필터링 작업을 통해 검증했었다.

이렇게 1차 검증된 아이디어를 비즈니스 모델의 구성요소에 따라 심도있게 검증하며, 동시에 사업에 필요한 구성요소를 정리했다. 그러나 사업성공에 필요한 요소 및 그 요소 간의 관계를 나타내는 비즈니스 모델 그 자체로는 큰 의미가 없다.

비즈니스 모델은 '실행'되어야 하며, 이를 위해서는 그 고객이 누구고, 그들이 느끼고 있는 문제를 내가 어떻게 차별화된 해법으로 해결할 것인지 강력하게 어필하는 과정이 필요하다. '비즈니스 모델링' 단계는 사실 비즈니스 모델 구성요소를 고객가치 측면에서 한 번 더 정리하는 작업이다. 고객가치를 도출하고 이의 구성요소를 정리하는 데 집중한 것이다.

이제 이렇게 정리한 구성요소를 재배열하여 '고객가치'를 정리해보자. 이를 나는 '비즈니스 모델 스토리' 단계라 칭하며, T-캔버스와 워크시트 작업을 통해 정리한다.

캔버스 트랙

T-캔버스 작업을 통해 내 아이템을 한 번에 제시할 수 있다. 작성 사례는 다음과 같다.

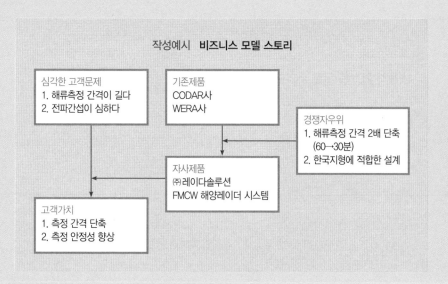

작성예시 비즈니스 모델 스토리

심각한 고객문제
1. 해류측정 간격이 길다
2. 전파간섭이 심하다

기존제품
CODAR사
WERA사

경쟁자우위
1. 해류측정 간격 2배 단축
   (60→30분)
2. 한국지형에 적합한 설계

자사제품
㈜레이다솔루션
FMCW 해양레이더 시스템

고객가치
1. 측정 간격 단축
2. 측정 안정성 향상

　　구성요소는 심각한 고객문제, 기존제품, 경쟁자 우위, 자사제품, 고객가치로 이루어져 있다. 이 구성요소를 보면 고객문제로부터 고객가치를 끌어내려는 것임을 확연히 느낄 수 있다. 그리고 다음과 같은 메시지를 담고 있다.

- 고객 가치는 고객의 '심각한' 문제로부터 도출된다. (문제의 심각성은 비즈니스 모델링에서 충분히 검토가 이루어졌어야 하며, 이곳에는 이미 심각성이 검증된 문제를 기술한다.)
- 고객에게 가치제안 시 기존 솔루션에 대해 경쟁우위를 보여줄 수 있어야 한다.

워크시트 트랙

매출액 확보를 위한 수익구조

워크시트 트랙에서는 비즈니스 모델링 작업을 통해 수집 정리된 정보를 다시 한 번 서술한다. 질문과 관련된 개념 및 사례는 T-캔버스의 구성요소에서 이미 언급했다. 질문에 대한 답변은 각자의 아이템에 따라 직접 작성해보기 바란다.

양식 **워크시트 영역 1 – 매출액 확보를 위한 수익구조**

항목	질문	내용
고객확정	• 나의 제품/서비스? • 최소기능/성능 수행만 가능한 솔루션이 가능할 때 이를 구매할 얼리어답터가 있는가? • 구매자/사용자 같은가? • 다르다면 구분하라. • 고객이 어떻게 나의 솔루션을 사용하는가? • 고객은 왜 나의 솔루션을 구매하는가?	
세분시장	• 나의 세분시장은 누구인가? • 세분시장의 규모/성장성은? • 세분시장의 기회요인/위험요인은?	
고객접점	• 고객접점이 누구인가? • 고객접점이 없다면 조기 매출방안은? • 얼마의 매출을 목표하며 그 근거는? • 외주판매시 리스크와 대응방법은? • 고객에게 어떻게 과금할 것인가?	

매출원가 인하를 위한 비용구조

고객접점 확보까지의 논리를 어떻게 만들 것인가.

이는 비즈니스 모델링 단계에서 최종적으로 결정해야 하는 것이며, 추정매출과 관련한 중요한 부분이다. 이렇게 수익구조에서 매출을 추정하면, 바로 다음에 이어지는 비용구조 및 전략수립으로부터 파행되는 재무영역과 연결된다.

이 워크시트 작업을 할 때에는 몇 가지 염두에 두어야 할 명제가 있다.

- 활동을 직접 한다면 내가 충분히 감당할 수 있는지 비용을 검토한다.
- 활동을 외주로 주는 경우 협상력을 검토한다. 만약 협상력이 약하다면 대비책을 고민한다.
- 협업을 한다면 위험요소를 검토한다.
- 자원이 충분히 확보되었는지 검토한다. 충분히 확보되지 않았다면 어떤 자원인지 정리하고 대비책을 세운다.
- 만약 핵심자원 확보에 걸림돌이 있다면 반드시 대비책을 세운다.

양식 워크시트 영역 2 – 매출원가 인하를 위한 비용구조

	솔루션		
	활동 1	활동 2	활동 3
핵심활동/주요활동을 구분하고 직접/외주 수행 형태를 판단함	핵심 or 주요	핵심 or 주요	핵심 or 주요
	직접비율 (　) % 외주비율 (　) % 협력비율 (　) %	직접비율 (　) % 외주비율 (　) % 협력비율 (　) %	직접비율 (　) % 외주비율 (　) % 협력비율 (　) %
학생자원과 주요자원을 구분하고 그 내용을 정리	핵심 or 주요	핵심 or 주요	핵심 or 주요
	자원 1. 2. 3.	자원 1. 2. 3.	자원 1. 2. 3.
자원확보활동의 수행 형태	직접비율 (　) % 외주비율 (　) % 협력비율 (　) %	직접비율 (　) % 외주비율 (　) % 협력비율 (　) %	직접비율 (　) % 외주비율 (　) % 협력비율 (　) %

왼쪽 워크시트를 작성할 때 핵심활동과 주요활동의 구분 기준은 창업자 자신이 작업하도록 한다. 핵심활동에 필요한 자원이 핵심자원이다. 즉 핵심활동은 핵심자원에 주요활동은 주요자원에 연동되는 것이다.

솔루션을 만드는 데 정말 중요한 핵심활동이라면 직접비율이 높아야 한다. 그렇지 않다면 대비책을 세워야 할 것이다. 핵심활동에 필요한 핵심자원 확보도 마찬가지다.

지금까지 비즈니스 모델을 다뤘다면 이제부터 비즈니스 전략을 다룬다. 전략은 활동계획을 의미하는데 계획 실행 시 대개 돈이 필요하다. 즉 "어떻게 활동할 것인가?"에 대한 답을 고민하는 과정은 결국 "어디에 돈을 쓸 것인지" 고민하는 과정이다. 그래서 비즈니스 전략은 추정재무와 연결된다.

이번 장에서는 비즈니스 모델로 정리된 내용에 대해 전략을 수립하고, 전략에 근거한 추정재무자료를 확보하게 된다. 사업계획 과정의 최종 백데이터가 완성되는 과정인 것이다.

비즈니스 전략 및 추정재무

비즈니스
모델을
어떻게
실행할 것인가

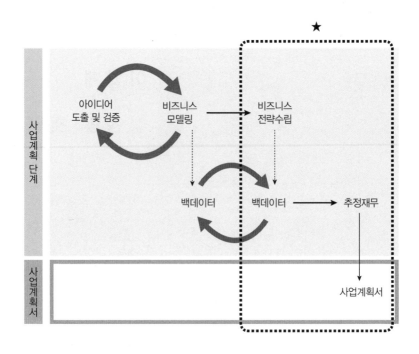

★

사업계획 단계

아이디어
도출 및 검증

비즈니스
모델링

비즈니스
전략수립

백데이터

백데이터

추정재무

사업계획서

사업계획서

비즈니스 모델과
비즈니스 전략은
왜 구분하는가

많은 비즈니스 모델 방법론들이 전략적 요소를 담고 있다고 주장한다. 하지만 전략은 '실행'을 전제로 한 개념이며, 실행은 '활동' 및 이에 따른 '비용'과 관련이 있다.

그러므로 비즈니스 모델 프레임워크가 전략적 요소를 충분히 담고 있다면 모델링 작업을 통해 추정재무를 위한 기본 요소들까지 도출이 되어야 한다. 그렇지 않으면 창업자에게 비즈니스 모델링은 단순 아이디어 확인 과정 그 이상 이하도 아니다.

그래서 이 책에서는 비즈니스 모델과 비즈니스 전략을 구분하여 설명하고자 하는 것이고(참고로 창업대학원의 기술창업 방법론에서도 이를 구분한다), 지금까지 비즈니스 모델링 과정을 거쳤다면 이번 장에서는 비즈니스 모델을 현장에서 어떻게 실행할 것인지 판매·생산·운용·자금조달에 관한 전략은 어떻게 세워야 하는지 살펴보려는 것이다.

비즈니스 전략 수립을 위해 사전에 조사되어야 할 일부 요소는 비즈니스 모델의 구성요소를 활용한다. 하지만 그 정도의 작업으로는 현장에서 실행하기 힘들다. 즉 비즈니스 모델링을 위한 전략적 요소는 캔버스 한 페이지로 다룰 수 있겠지만, 이것이 전략으로 실행되는 건 다른 문제인 것이다.

게다가 스타트업에서 사업계획을 세울 때 추정재무는 비즈니스 전략뿐 아니라, 비즈니스 모델과도 관련이 있다. 비즈니스 모델이 매출 추정의 근거가 되기 때문이다. 그럼에도 불구하고 비즈니스 전략과 추정재무를 한 카테고리 안에서 다루는 이유는 비즈니스 전략을 구성하는 많은 요소들이 추정재무와 관련이 있기 때문이다.

아래 표33을 보면 쉽게 이해할 수 있다.

표33 **비즈니스 모델 & 비즈니스 전략과 추정재무의 관계**

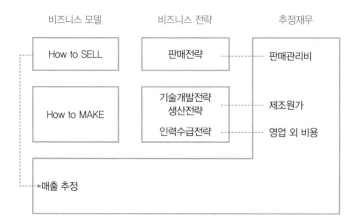

우리는 비즈니스 모델링 과정에서 수익구조 how to sell 와 비용구조 how to make를 다룬 바 있다. (Part4 182쪽 참조) 여기서 수익구조는 매출액 확보와 증진의 영역이다. 그리고 비용구조는 매출원가 요소의 확보와 절감의 영역이다.

또한 비즈니스 모델은 HOW의 영역이라 할 수 있다. 사업성공에 필요한 구성요소와 그 맥락에 초점을 둔다. 실행, 테스트, 피보팅 영역이 있지만 그 역시 구성요소의 정합성을 다루는 범주를 벗어나지 않는다.

그러나 비즈니스 전략은 '타이밍'을 고려한다. 이는 변화와 경쟁자를 염두에 둔다는 의미다.

"비즈니스 모델을 어떻게 실행할 것인가."

이 질문에 대한 답변이 곧 비즈니스 전략을 의미한다.

이 책에서는 비즈니스 전략으로 '기술확보 전략', '생산전략', '판매전략', '인력수급전략'을 매우 간략히 다룰 것이다. 이 각각의 전략은 추정재무와 연계된다.

참고로 이해를 돕기 위해 각 전략 항목별로 워크시트 사례를 먼저 제시한 후 캔버스 사례로 마무리할 예정이다. 실무에서는 이와 반대로, 즉 캔버스 작업을 먼저 하고 워크시트를 작업하면 된다.

기술개발전략과
추정재무

만약 기업이 이미 충분한 기술력과 자원을 보유하고 있다면, 독자적
으로 자체 개발을 해도 된다. 그러나 현실은 비용, 투자위험의 분산,
보완적 기술과 자원의 결합, 기업 간 지식공유를 통한 새로운 지식의
창출, 기술표준 창조 등의 이유로 전략적 제휴가 이루어지는 경우가
많다.

여기서 전략적 제휴라 함은 고도로 구조화된 관계(조인트벤처)부터
비형식적 관계까지 넓은 범위를 말하며 제휴관계 또한 포함한다.

표34는 각 기업이 기술전략을 수립하는 데 있어 개발속도, 비용, 통
제력, 상대기업기술의 접근성 등을 정리한 것이다.

표34 개발프로젝트의 여러 유형 간의 상쇄관계 요약

	개발속도	비용	통제	기존 역량의 활용 가능성	새로운 역량의 개발 가능성	다른 기업의 역량에 대한 접근 가능성
독자적 내부개발	낮음	높음	높음	예	예	아니오
전략적 제휴	다양	다양	낮음	예	예	때때로
조인터 벤처	낮음	함께 부담	함께 부담	예	예	예
라이센스 제공	높음	중간	낮음	때때로	때때로	때때로
라이센서 확보	높음	낮음	중간	예	아니오	때때로
아웃소싱	중간	중간	중간	때때로	아니오	예
협동연구 조직	낮음	다양	다양	예	예	예

출처 : 《기술경영과 혁신전략》 Melissa A. Schilling 지음

　　스타트업 기업은 기술확보전략 수립 시 위 요소들 간의 상쇄관계를 잘 고려하여 검토하여야 할 것이다.

　　또한 기술확보전략 실행 시에는 연구인력 인건비, 견본비 및 재료비, 기술도입비, 위탁연구 개발비, 구개발용 기자재 정보활용비 및 기타경비 항목을 검토하며 추정재무 자료로 정리하되, 이는 아이템에 따라 다르니 참고만 하길 바란다.

양식 기술개발 및 확보 전략

형태	자체개발	전략적 제휴					
		조인트벤처	라이선스 제공	라이선스 확보	아웃소싱	합동연구	기타
비율(%)							
통찰	자체 개발 의사결정의 근거 전략적 제휴 의사결정의 근거 개발속도, 비용, 통제력, 상대기업 기술의 접근성 등의 상쇄관계를 고려						

	Y	Y+1	Y+2
활동내용	단위기간(1년차 혹은 1분기)에 수행할 기술개발과 관련된 활동내용을 기입한다. 예) 연구인력확보, 견본작업, 자료확보, 기술도입, 위탁 · 연구개발, 연구개발기자재확보, 정보활용, 기타		
비용내용	위 활동내역과 관련한 추정재무자료를 정리한다. 회계관련 용어는 구체적으로 몰라도 된다. 비용을 예측하는게 포인트임. 예) 연구인력인건비, 견본작업비, 재료비, 기술도입비, 위탁연구개발비, 연구개발기자재확보비, 정보활용비, 기타경비		

앞에서 정리한 활동내용과 이에 근거한 비용 내용에 따라 아래와 같이 추정재무 자료를 정리할 수 있다. 빈 칸은 세부 비용내역에 대한 부분이다.

양식 기술전략과 추정재무

		Y	Y+1	Y+2
기술개발	연구인력인건비(노무비)			
	견본작업비			
	재료비			
	기술도입비			
	위탁연구개발비			
	연구개발기자재 확보비			
	정보활용비			
	기타경비			

참고 **연구비와 개발비 내용**

연구단계에서 지출한 비용	연구비(비용)	• 새로운 지식을 얻기 위한 활동 • 연구결과나 기타 지식을 탐색, 평가, 최종 선택 및 응용 • 재료, 장치, 제품, 공정, 시스템 및 용역 등에 대한 여러 대안을 제안, 설계, 평가 및 최종선택하는 활동
개발단계에서 지출한 비용	개발원가(무형자산) 개발원가로 무형자산 처리 후 20년 이내 합리적 기간 동안 상가	• 생산 전 또는 사용 전 시작품과 모형을 설계, 제작 시험 • 새로운 기술과 관련된 공구, 금형, 주형 등을 설계 • 상업적 생산목적이 아닌 소규모 시험공장을 설계, 건설, 가동 • 새롭거나 개선된 자료, 장치, 제품, 공정, 시스템 및 용역 등에 대하여 최종적으로 선정된 안을 설계, 제작 및 시험
	경사개발비(비용) 발생기간에 제조원가와 판매관리비로 처리	• 위에 해당하지 않는 개발단계의 지출

생산전략과
추정재무

생산전략은 내 기술을 적용하여 솔루션을 만드는 과정을 다루는데, 크게 자가생산과 위탁생산으로 분류한다.

현실적으로 창업기업 중 생산라인을 자체 확보하는 경우는 거의 없다. 대개 위탁생산을 하게 되는데, 두 유형의 장단점을 비교하면 표 35와 같다.

표35 **생산전략**

유형		장점과 단점
자가생산		기업이 조달한 자신의 자금으로 인력과 자산에 투자하여 위험을 감수하고 생산을 함으로서 제조상 비밀유지, 생산공정의 효율개선, 생산품질의 통제력을 확보, 고정비 발생
위탁생산	전략적	핵심역량 강화를 위하여 핵심인력과 핵심자산에 투자를 집중하고 일상적 또는 지원활동의 경우는 인력과 자산투자를 배제한다. 지나친 아웃소싱 의존은 생산계획의 통제력을 상실
	경제적	계약에 따라 비용을 지불하여 전문성 확보 시간과 법적 규제에 대한 불확실한 위험성을 줄이고 예측가능한 비용계획을 수립하여 비용절감, 내부처리 비용보다 외부 규모의 경제에 의한 외부처리 비용이 절감(납기와 품질의 보장), 거래처의 교체비용이 높은 경우 비용이 높아진다.
	기술적	급격한 시장 및 기술환경 변화로 인하여 신기술 전문가의 확보와 투자의 결정의 시기에 대한 위험을 회피. 책임소재의 명확한 규정이 어렵고 생산성 통제가 곤란

생산전략 수립과 관련된 중요한 재무정보가 제조원가 자료다. 이 제조원가는 생산량과 생산공정을 확정하고, 자체 작업과 아웃소싱을 구분한 후 재료비, 노무비, 제조경비를 파악해야 정할 수 있다.

· **재료비** 동종업계 전문가의 도움을 받아 품목과 가격정보를 취득한다. 정보나 자료가 부족한 경우 외주가공업체 또는 재료구입업체 견적서를 참고하면 된다.

· **노무비** 자체작업의 생산, 품질관리, 감독인력의 수를 결정하고 숙

련도와 경험에 따라 인건비를 추정한다.

생산전략에 있어 노무비 항목의 예는 준비작업, 가공, 외장조립, 검사시험, 조정, 포장작업, 인력 등이 있을 수 있겠다. 물론 기타 항목도 있으며 이는 창업아이템에 따라 추가·삭제·조정하면 된다.

- 제조경비 동종제품이나 동종업종의 원가명세서의 구성비를 고려하여 추정한다. 만약 관련분야 제조경험이 풍부한 경우 '직접' 원가를 중심으로 주요한 항목을 개별추정한다. 복리후생비, 전력비, 가스수도료, 감가상각비, 세금, 공과금, 임차료, 보험료, 수선비, 외주가공비, 운반 하역 보관 포장비, 경상개발비, 기타 경비 등을 예로 들 수 있겠다.

판매전략과
추정재무

판매전략은 목표시장에 효율적으로 접근하기 위한 유통 및 홍보, 시장의 유지, 확대를 위한 사후관리 영역을 세우는 것이다.

이 역시 '가치를 전달하는 활동'이기 때문에 고객에게 어떤 가치를 제공할 것인지에 대한 검토가 다시 한 번 필요하다. 이 책에서는 B2C, B2B, B2G 모델에 따라 고객이 생각하는 '가치'가 다르다고 언급했다.

조금 더 깊이 있는 가치탐색을 위해 각 거래관계별 시장의 특징을 정리해보자. 다만 B2G 모델은 다른 거래관계의 특성이 혼재되어 있기에 비교적 비교가 명확한 B2C 모델과 B2B 모델의 시장을 비교하도록 하겠다.

B2G 모델을 가진 아이템은 B2C, B2B 모델의 특성을 통해 자신의 사업화에 응용할 수 있을 것이다.

고객에게 특화된 제품과 서비스를 다루는 B2B 모델에 비해 B2C 모델은 표준화된 제품을 다룬다. 물론 수제 초콜릿을 판매하는 촉리^{Chocri}◆ 같은 고객특화 솔루션도 있다. 그러나 일반적으로 B2C 모델은 표준화된 제품과 서비스를 취급한다.

B2B 모델은 B2C 모델에 비해 구매자와 판매자 간의 관계가 밀접하다. 그래서 B2B 모델은 영업사업과의 신뢰로, B2C 모델은 대중시장을 통해 신뢰관계가 구축되는 경우가 많다.

같은 맥락에서 B2B 모델은 장기적으로 밀착된 관계가, B2C 모델은 비교적 단기적인 관계인 경우가 많다. 물론 상대적인 개념일 뿐이다. B2C 모델에서도 앞서 언급한 사회적기업 '둘밥' 사례와 같이 소셜미디어 혹은 공감방식을 통해 고객 밀착도를 높일 수도 있다.

B2B 모델은 전방산업 수요에 종속되는 경우가 많다. 그래서 한정된 영역의 대규모 고객이 대부분이다. 기업공개에 성공한 창업기업이 대개 B2B 모델 아이템인 이유가 이와 관련이 높다.

반면에 B2C 모델은 소비자 개인의 수요에 종속되는 경우가 많으며, B2B 모델에 비해 고객의 규모가 작고 다양하다. 소상공인 프랜차이즈 같은 아이템이 B2C 모델의 많은 비중을 차지한다. 창업초기에 많은 마케팅 비용이 드는 것 또한 B2C 모델의 특징이다.

양식　생산전략 및 판매전략

가치사슬상 분류	생산영역			벨류체인상 분류	판매영역		
	원료	부품	완제품		유통	판매/홍보	사후관리
정의				정의			
	외주	자가	외주	외주여부(예)	외주	자가	자가
검토사항	협상력 검토	핵심역량 검토	협상력 검토	검토사항	협상력 검토	핵심역량 검토	핵심역량 검토
통찰							

	생산활동			판매활동			
	Y	Y+1	Y+2	세분시장			
활동내용	단위기간 (1년차, 혹은 1분기에 수행할 기술개발과 관련된 활동내용을 기입한다.	예) 재료구입, 인력배치 (생산, 품질 관리, 감독), 임차, 보험, 외주가공, 운반하역보관 포장, 기타		고객접점			
					1y 2y 3y	1y 2y 3y	1y 2y 3y
비용내용	위 활동내역과 관련한 추정재 무자료를 정리 한다.	예) 재료비, 노무비, 제조경비		활동내용			
				비용내용			

	판매활동								
세분시장									
고객접점									
	1y	2y	3y	1y	2y	3y	1y	2y	3y
활동내용									
비용내용									

	1y	2y	3y
활동내용	단위기간(1년차, 혹은 1분기)에 수행할 기술개발과 관련된 활동내용을 기입한다.	인력배치, 시장조사, 유통망확보, 광고, 전시회, 박람회, 이벤트, 경품, 견본	
비용내용	위 활동내역과 관련한 추정재무자료를 정리한다.	인건비, 각종 비용	

위 작업에서 활동내용(생산전략·판매전략)에 근거한 비용내용이 정리가 되면 다음과 같이 추정재무를 위한 기초자료를 만들 수 있을 것이다.

<h2 align="center">양식   생산전략과 추정재무</h2>

			Y	Y+1	Y+2
생산	재료비				
	노무비 (생산비)	생산			
		품질관리			
		감독			
		기타			
	제조경비	운반비			
		차량유지비			
		소모품비			
		기계(장비구입비)			
		공장임차료			
		보험			
		외주가공			
		운반/하역/보관/포장			
		기타			

<h2 align="center">양식   판매전략과 추정재무</h2>

		Y	Y+1	Y+2
판매	판매인력인건비			
	시장조사비			
	유통망확보			
	광고비			
	전시회/박람회/이벤트			
	제품/견본비			

인력수급전략과
추정재무

인력수급전략은 기술개발전략, 생산전략, 판매전략을 수행할 때 필요한 인력 및 인사노무, 자금회계, 기획홍보, 구매품질 부문에서 일반관리 인력을 확보하는 것을 말한다. 따라서 기술개발, 생산, 판매 영역의 전략이 수립되어야 이에 따른 인력수급전략을 세울 수 있다. 비즈니스 전략 중에서 맨 나중에 검토해야 하는 이유이다.

인력수급전략은 추정손익계산서의 인건비와 관련되므로, 인력은 노무비와 기타 인건비를 분리하여 고려한다. 여기서 노무비는 생산에 투입되는 비용을 의미하기 때문에 제조원가에 들어간다. 만약 사업 아이템을 모두 외주 용역으로 수행한다면 노무비는 존재하지 않게 된다. 직업 생산에 내 자본이 투입되는 것이 아니기 때문이다(정부지원금 신청 시 모두 외주생산으로 하게 되는데 손익계산서 상 노무비가 기재되지 않도록 주의한다.).

양식 **인력전략**

세부영역		현재(명)	추가요소인원 및 수급전략		
			Y	Y+1	Y+2
기술인력					
생산인력	기술/생산/판매 전략에서 수행할 활동을 참고하여 영역을 구분함		단위기간 별로 필요한 인력의 수와 이의 수급 전략을 검토함		
판매인력					

위의 전략을 근거로 아래와 같이 추정재무를 위한 기초자료를 만들 수 있다.

양식 **인력전략과 추정재무**

			Y	Y+1	Y+2
인력	제조원가 (노무비)	생산			
		연구			
		기타			
	판매 및 관리비	관리비			
		영업직			
		기타			

T-캔버스와 워크시트의 활용

양식   비즈니스 전략수립 및 추정재무를 위한 T-캔버스 전체

기술개발 활동	제품생산 활동	판매유통 활동	인력
기술개발 관련 활동을 나열한다.	제품생산 관련 활동을 나열한다.	판매유통 관련 활동을 나열한다.	기술개발, 제품생산, 판매유통 관련 활동을 고려하여 인력을 배치한다. 1. 기술개발 2. 제품생산 3. 판매유통
기술개발 비용	**제품생산 비용**	**판매유통 비용**	
기술개발 관련 활동의 비용내역 항목을 나열한다. 전문 회계용어가 아니어도 된다.	제품생산 관련 활동의 비용내역 항목을 나열한다. 전문 회계용어가 아니어도 된다.	판매유통 관련 활동의 비용내역 항목을 나열한다. 전문 회계용어가 아니어도 된다.	

워크숍에서 보통 진행되는 T-캔버스 트랙의 활용방법은 다음과 같다. 전지를 접어서 해당란에 관련 내용을 적거나 포스트잇을 붙여 활용할 수 있을 것이다.

1. 관련활동을 나열한다.

기술개발 활동	제품생산 활동	판매유통 활동	인력
기술개발 관련 활동을 나열한다.	제품생산 관련 활동을 나열한다.	판매유통 관련 활동을 나열한다.	기술개발, 제품생산, 판매유통 관련 활동을 고려하여 인력을 배치한다.
연구인력확보 견본작업 재료확보 기술도입 위탁연구개발 연구개발기자재확보 정보활용 기타	재료구입 인력배치(생산, 품질관리,감독) 임치 보험 외주가공 운반하역보관포장 기타	인력배치 시장조사 유통망확보 광고 전시회 박람회 이벤트, 경품, 견본	1. 기술개발 2. 제품생산 3. 판매유통
기술개발 비용	**제품생산 비용**	**판매유통 비용**	
기술개발 관련 활동의 비용내역 항목을 나열한다. 전문 회계용어가 아니어도 된다.	제품생산 관련 활동의 비용내역 항목을 나열한다. 전문 회계용어가 아니어도 된다.	판매유통 관련 활동의 비용내역 항목을 나열한다. 전문 회계용어가 아니어도 된다.	

2. 나열된 활동에 근거하여 비용 목록을 작성한다. 작성된 비용 목록은 워크시트 트랙에서 활용된다.

기술개발 활동	제품생산 활동	판매유통 활동	인력
기술개발 관련 활동을 나열한다. 연구인력확보 견본작업 재료확보 기술도입 위탁연구개발 연구개발기자재확보 정보활용 기타	제품생산 관련 활동을 나열한다. 재료구입 인력배치(생산, 품질관리,감독) 임차 보험 외주가공 운반하역보관포장 기타	판매유통 관련 활동을 나열한다. 인력배치 시장조사 유통망확보 광고 전시회 박람회 이벤트, 경품, 견본	기술개발, 제품생산, 판매유통 관련 활동을 고려하여 인력을 배치한다. 1. 기술개발 2. 제품생산
⬇ 기술개발 비용	⬇ 제품생산 비용	⬇ 판매유통 비용	3. 판매유통
기술개발 관련 활동의 비용내역 항목을 나열한다. 전문 회계용어가 아니어도 된다. 연구인력인건비 견본작업비 재료비 기술도입비 위탁연구개발비 연구개발기자재확보비 정보활용비 기타경비	제품생산 관련 활동의 비용내역 항목을 나열한다. 전문 회계용어가 아니어도 된다. 재료비 노무비 제조경비	판매유통 관련 활동의 비용내역 항목을 나열한다. 전문 회계용어가 아니어도 된다. 인건비 각종 비용	

3. 나열된 활동에 필요한 인력을 검토한다.

기술개발 활동	제품생산 활동	판매유통 활동	인력
기술개발 관련 활동을 나열한다.	제품생산 관련 활동을 나열한다.	판매유통 관련 활동을 나열한다.	기술개발, 제품생산, 판매유통 관련 활동을 고려하여 인력을 배치한다.
연구인력확보 견본작업 재료확보 기술도입 위탁연구개발 연구개발기자재확보 정보활용 기타	재료구입 인력배치(생산, 품질 관리,감독) 임차 보험 외주가공 운반하역보관포장 기타	인력배치 시장조사 유통망확보 광고 전시회 박람회 이벤트, 경품, 견본	1. 기술개발 　연구 　기타 2. 제품생산 　생산 　기타 3. 판매유통 　관리 　영업 　기타
기술개발 비용	**제품생산 비용**	**판매유통 비용**	
기술개발 관련 활동의 비용내역 항목을 나열한다. 전문 회계용어가 아니어도 된다.	제품생산 관련 활동의 비용내역 항목을 나열한다. 전문 회계용어가 아니어도 된다.	판매유통 관련 활동의 비용내역 항목을 나열한다. 전문 회계용어가 아니어도 된다.	
연구인력인건비 견본작업비 재료비 기술도입비 위탁연구개발비 연구개발기자재확보비 정보활용비 기타경비	재료비 노무비 제조경비	인건비 각종 비용	

스타트업은 과거의 재무기록을 비롯하여 어떠한 자취^{track record}도 없다. 오직 창업자의 자취만 있을 뿐이다.

그래서 스타트업 성공조건 1순위가 '창업자 역량'이다. 벤처캐피털리스트를 비롯한 투자자들 역시 창업자의 '과거'를 가장 비중있게 검토한다.

하지만 아무리 역량있는 창업자라 해도 창업과정 중 밀려오는 수많은 의사결정의 갈림길에서 늘 고민을 하게 된다. 게다가 수없이 밀려드는 잡무에 치이고, 만날 사람들은 또 얼마나 많은지……

참고로 우리 회사 대표님은 '평일에도 마음대로 골프를 치고 싶어서' 창업을 했다고 농담처럼 이야기하나, 골프는커녕 3년 째 매주 주말까지 야근을 밥 먹듯 하고 있다.

스타트업은 모든 것을 혼자 혹은 소수의 인력과 한정된 자원으로 해야 한다. 그러므로 자신이 가진 자원과 역량을 냉철하게 살펴 사업 계획을 구체화시키고 성공 가능성을 높여야 하는 것이다. 그런 의미에서 이 책에서 제안한 사업계획 수립에 관한 각 단계를 '돌다리도 두드리며 가듯' 자신의 아이템에 하나하나 적용해보았으면 좋겠다.

단순한 아이디어나 기술에 불과했던 아이템을 간략하게 검증하고 (아이디어 도출 및 검증 단계), 현장에서 실행이 가능한지 진지하게 비즈니스 모델을 세워보고(비즈니스 모델링 단계), 실제로 수익구조와 비용 구조까지 전략을 짜보면(비즈니스 전략 및 추정재무 단계) '아! 이 사업 시작해도 되겠구나!' 또는 '접어야 하겠구나' 하는 현실적인 판단이 들 것이기 때문이다.

자, 우리는 시작점에 서 있다. 그리고 우리는 성공한 스타트업을 꿈꾼다. 그러니 초기 구상했던 아이디어를 여러 위험요소를 통해 검토해보라. 이 과정에서 또 다른 아이디어를 도출해낼 수도 있을 것이다.

사업성공에 필요한 구성요소들의 관계를 보여주는 비즈니스 모델링 과정을 통해 다시 구체적으로 재검증하고 보완해보라.

사업 아이템의 성공 가능성을 좀 더 효율적으로 설득하기 위해 비즈니스 모델을 스토리로도 구성해보라.

그리고 이렇게 도출한 비즈니스 모델을 실행하기 위한 전략 또한 수립해보라. 기술개발에서부터 생산, 판매, 인력수급으로 이어지는 전략을 어떻게 짤 것인가, 그리고 이에 필요한 자금전략은 어떻게 세울 것인가.

스타트업 사업계획을 세울 때 '재무'가 아닌, '추정재무'라는 용어를 사용하는 이유는 이미 언급했던 것처럼 창업'기업'의 자취^{track record}가 없기 때문이다. 스타트업 기업은 비즈니스 모델을 통해 아이템의 성공 가능성을 누군가에게 설득한다. 비즈니스 모델을 '이윤추정함수'라고 하는 이유다.

이 책은 이러한 비즈니스 모델과 이의 실행전략을 관통하는 구성요소 간 논리의 정합성을 다뤘다. 전략으로부터 도출되는 백데이타는 이 정합성에 근거한다. (이제 독자들은 투자자에게 "내 아이템의 전체 시장 규모가 1천억 원 규모이니, 이중 1%만 확보해도 매출 10억 원을 달성할 수 있습니다."라는 말이 얼마나 창업자 본인의 역량을 깎아먹는 표현인지 느낄 수 있으리라 믿는다.)

한 마디 덧붙이자면 이 책에서는 추정재무, 즉 손익계산서, 재무상태표, 현금흐름표에 대한 개념과 작성법을 다루지는 않았다. 이미 시중에 좋은 참고도서들이 많기 때문이기도 하고, 서두에 언급했던 것처럼 이 책의 목적은 기술창업자가 현장에서 닥치게 되는 수많은 사업계획을 빠른 시간에 체계적으로 하는 데 도움을 주고, 동시에 백데이타 확보작업을 통한 창업역량의 향상에 있기 때문이다.

건투를 빈다!

기술창업 방법론의 실제 활용을 위하여 모 기관에 제출한 사업계획서를 사례로 제시하고자 한다. 이를 통해 사업계획서의 각 항목별로 내용을 어떻게 구성해야 할 것인지 참고할 수 있을 것이다.

기술창업 방법론을

활용한

정 부 지 원

사 업 계 획 서

작 성 사 례

이 사업계획서는 크게 5가지 영역으로 목차가 구성되어 있는데, 이중 시장환경, 기술개요, 추진계획의 영역만을 사례로 제시했다. 사례로 제시하지 않은 사업개요, 사업제안자 역량 등의 항목은 (쉽게 쓸 수 있는 부분이므로) 제외한다. 먼저 해당기관에서 양식으로 제시한 '시장환경' 관련 사업계획서 세부목차는 다음과 같다.

1
시장환경

가. 목표시장과 주요 고객
나. 시장규모 및 성장성
다. 시장진입장벽 및 극복방안
라. 경쟁력

'시장환경'은 엔지니어 출신의 창업자가 사업계획서를 작성하는 과정 중 가장 어려워하는 부분이다. 그래서 대개 기술동향보고서에 정리된 내용을 보고 베끼는 것에 그치곤 한다. 물론 시장자료를 베끼는 것이 잘못된 것은 아니다. (솔직히 다 보고 베끼고 짜깁기해서 작성하지 않는가?) 다만 창업자의 아이템이 속한 시장환경이 매우 훌륭하다는 사실을 누군가에게 설득하는 경우 탑다운, 바텀업 방식과 같은 논리적인 사고패턴이 없다면, 짜깁기 과정 중 치명적인 오류를 범하는 경우가 많다. 그것은 바로,

"전체 시장을 내 시장으로 착각"

하는 것이다. 예를 들어 보통 기술동향보고서에 보면 기술적용 시장규모가 기술되어 있는데 이를 자신의 창업 아이템이 매력적인 직접적인 근거로 제시하는 창업자들이 많다. 하지만 이는 A란 기술을 제품화했을 때 일으킬 수 있는 전체 매출 가능액이다. 즉 A란 기술을 활용하여 제품화할 수 있는 수많은 아

이템의 시장규모를 합산한 액수인 것이다. 이 경우 창업자는 투자자 혹은 벤처캐피탈의 투자심사자에게 이렇게 말하곤 한다.

"이 아이템의 연간 시장규모가 1,000억 원이기 때문에.
 이중 단 1%의 시장점유만으로도 연10억 매출이 가능합니다."

이는 스스로 "나 창업에 대해 아무것도 모릅니다."라고 커밍아웃하는 것과 같다. (이에 대해서는 관련 내용을 본문에서 설명하였다.)
기술창업 방법론의 탑다운 방식은 이러한 오류를 범하지 않도록 도와준다. 전체시장에서 전입시장 선정까지의 논리를 다루기 때문이다.
기관에서 제시한 시장환경 영역의 세부목차대로 사업계획서를 작성할 때 우리 엔지니어 출신 창업자들을 혼란에 빠뜨리는 또 하나의 문제가 있다. 바로 '내용의 중복' 문제다. 세부목차의 (가), (나) 항목을 보자.
(가) 항목인 '목표시장과 주요 고객'을 작성하려면 (나) 항목인 '시장규모와 성장성'을 먼저 기술해야 할 것 같지 않은가. 이 경우 창업자는 매우 혼란스럽다. '정해진 양식이므로 목차를 지우거나 수정할 수 없는데 어떡하지?' 이렇게 세부목차를 살피다 보면 혼란스러운 부분이 또 있다. (다) 시장진입방벽 및 극복방안, (라) 경쟁력 항목 때문이다. 창업자는 속으로 다음과 같이 말하며 혼란스러워한다.

"시장진입장벽은 경쟁력으로 극복하는 건데 대체 목차는 왜 나눈 거야!"

이 역시 내용의 중복성 문제로 고민스러운 것이다. 자, 이제 필자가 작성한 실제 사업계획서를 보며 탑다운 방식의 백데이터를 어떻게 활용했는지, 위에서 언급한 '내용의 중복성' 문제를 어떻게 해결했는지 살펴보자. 물론 제시하는 사업계획서와 똑같이 작성하라는 의미는 아니다. 다만 기술창업 방법론을 현장에서 직접 활용하는 과정을 보여준다는 것에 의미를 두고 참고하길 바란다. (참고로 사례로 제시한 사업계획서는 2014년 11월 창업성장기술개발사업에 선정되어 1억 3천만 원의 정부지원금을 받은 바 있다.)

1. 시장환경

가. 목표 시장 및 주요 고객(1차)

목표시장	해수면 관측 레이더 시장
주요고객	국토해양부 국립해양조사원 군산대 서울대 한국해양대 해양연구원, 해군

(1) FMCW레이더 기술기반 시장현황

	해양 레이더	강우 레이더	차량추돌방지 레이더
정의	해수면 관측용 레이더	강우량 분포 및 관측 레이더	차량추돌 방지레이더
기업	CODAR(미국) WERA(독일) NEPTUNE(영국)	METEK社(독일)	만도 현대모비스
현황	국내업체 없음	세계 유일	국내 전장부품업체에서 개발 중

FMCW레이더 기술을 적용한 제품 시장은 매우 다양함
이중 해수면 관측레이더 즉 해양레이더 기술난이도가 가장 높음
→ 따라서 FMCW해양레이더 기술역량이 확보된다면 기타 제품시장에 진입가능성이 용이함

(2) 해수면 관측 레이더 시장 밸류체인(Value Chain)

레이더 시장은,

- 안테나, 송수신기, 단말을 포함하는 하드웨어 부품시장
- 신호추출 및 간섭 제거 등을 포함하는 소프트웨어 모듈 시장
- 이를 통합하고 설치하는 시스템 제조시장
- 레이더를 운영하는 운영시장으로 구분됨
    → 당사는 시스템 제조시장으로 진입함

나. 시장 규모 및 성장성

시장규모	약 280억 원 이상(기존 25대 제외) 해양수산부는 2017년까지 80여 대, 280여 억 원 투자계획 (근거: 실시간 해수유동정보제공시스템 구축계획, 국립해양조사원, '10.4) 해양연구원 및 대학에서 수시로 발주

해수면 관측 레이더 시장의 성장성은 다음 두 측면에서 살펴봐야 함

1) 해외시장 개척 측면
- 현재 세계적으로 운용되는 해양레이더 시스템은 약 320여대로 대부분 미국, 스페인, 한국, 일본, 대만 등에 집중 되어 있으며 이를 대체하거나 쓰나미 등의 해양감시가 절대적으로 필요한 동남아시아, 중동 및 아프리카 지역의 추가 설치가 예측되며 이를 기준으로 사업의 기존 시장의 10% 확대 추산함

※ 출처 : ORCA 포럼 발표자료, TROI(Taiwan Ocean Research Institute) 발표자료.

구분	지역	~2012년		2013년	2014년	2015년	2016년	2017년
		기설치 (대)	추정비용 (억 원)					
해양 레이더	북중남미	154	462	96	96	96	96	96
	유럽	50	150					
	아시아, 호주	109	327					
	중동, 아프리카	8	24					

* 영국 NEPTUNE, 일본 NJRC 설치 실적은 미 포함

2) 기술 파급력으로 인한 신규제품 시장 개척 측면

차량 추돌방지 레이너 시장	- 2012년부터 산학연 합동 연구 중인 무인주행 기술과 연계하여 수요가 폭발적으로 증가할 것으로 예측됨 - 국내 자동차 업체에서는 차선이탈 경보 시스템, 전후방 감지 시스템, 전후방 모니터링 시스템, 지능형 순항제어 시스템에 대한 연구가 진행되고 있으며, 지능형 교통 시스템을 구현하기 위해 영상을 이용한 차간거리 제어, 차선유지, 차선이탈 경보/제어 등의 안전/편의에 관한 연구가 수행되고 있음	- 약 1,020 억 원 규모(근거: 2011 지식경제부 연구기획 보고서) - 현대, 기아, 외국 선진 완성차 등

시장현황	- 국내 제품 없음 - 2014년 현재 총 25대 운영중 (해양수산부 12대, 연구기관 및 대학 11대, 기업 2대) - 2020 MTRM(2011.10) : 8대 핵심전략과제'해양 종합관측시스템 구축 및 활용'연안역 고밀도 표층 해류장 실시간 관측망 구축 및 운영 예정

다. 시장 진입 장벽 및 극복방안

시장 진입장벽 현황	대책
• 외산 제품이 독점하고 있는 상황 　(미국의 CODAR, 독일의 Helzel) 　→ 초기 시장진입의 어려움	• 개발 시작부터 해외업체, 학계 및 연구소와 협력 　관계를 유지 • 기존 제품들과 필드 테스트 공유하고, 비교분석을 　통한 시스템 완성도 확보 　→ 이를 통한 기 구축 외산제품의 완성도를 제고 　　하며, 추가 구축장비는 개발장비로 대체

라. 경쟁력 (주요 경쟁사 및 경쟁 제품)

* 국내 경쟁사 비교

  해당사항 없음 (전량 외산제품)

* 해외 경쟁사 비교

경쟁사	CODAR	Helzel	NEPTUNE	당사 ㈜레이다솔루션
제품명	Seasonde	WERA	Pisces	미정
제품의 구성	모노폴 안테나/ 레이더모듈/후 처리 SW	소형어레이 안 테나/레이더모 듈/후처리 SW	대형어레이 안 테나/레이더모 듈/후처리 SW	모노폴 안테나/ 레이더모듈/후 처리 SW
가격 경쟁력	3억	4억	6억	2억
기술경쟁력	데이터 처리간격: 60분 한국지형 적합 → 측정정밀도는 높으나 실시간측 정 불가	데이터 처리간격: 10분 한국지형 부적합 → 실시간 측정 가능하나 정밀도 낮음	데이터 처리간격: 10분 한국지형 부적합 → 실시간 측정 가능하나, 측정 정밀도 낮음	데이터 처리간격: 30분 한국지형적합 → 실시간측정 가능하고 측정 정밀도 높음

2
기술개요

가. 기술의 상세내용
나. 기술의 첨단성
다. 기술경쟁력

이제 다음 항목을 살펴보자. '기술개요' 항목이다. 세부목차는 위에 제시한 바와 같다. 이 항목은 엔지니어 출신의 창업자들이 자신있어 하는 부분이다. 하지만 투자 여부를 검토하기 위해 이 사업계획서를 검토하는 이들을 고려하면 본 항목에서 어필해야 하는 요소가 무엇인지 알 수 있다.

"왜 이 기술이 필요하지?" ——— 1번
"뭐가 독특하지?" ——— 2번

난 1번에 대한 답을 '(가) 기술의 상세내용'에 기술하기로 결정했다. 그래서 PEST 분석을 통해 정리한 정보를 적절히 분류하여 기술하였다.
여기서 P.E.S.T 각 항목에 대해 모두 기술할 필요는 없다. 이미 본문에서 언급했던 것처럼 없으면 적지 않으면 된다. 그리고 가끔 사업계획서에 'PEST 분석'을 제목으로 그대로 적는 이들이 있는데, 사업계획서에서 묻는 질문은 PEST 분석 자체가 아니다. 이러한 경영분석 도구들을 활용한 결과물을 논리적으로 녹여내는 것이 중요하므로 가급적 분석도구의 제목을 그대로 기입지 않도록 한다.
2번에 대한 답은 세부항목 '(나) 기술의 첨단성'과 '(다) 기술경쟁력' 항목 안에서 기술하였고, 이때 기술창업 방법론의 각종 워크시트들을 활용하였다. 이와 같은 내용을 염두에 두고 실제 사업계획서를 어떻게 작성했는지 살펴보자.

2. 기술개요

가. 기술의 상세내용

- 해수면 관측용 FMICW레이더 기술은 해류 및 해일(쓰나미) 및 불법선박을 탐지하는 기능을 제공하는 레이더 시스템임
- 기존에 독점적으로 국내에 설치된 CODAR社의 레이더 처리속도(60분 간 격)에 비해 2배 빠른 30분 단위의 데이터 처리 및 상태정보 제공 → 실시간 해양상태 예측이 가능

(1) 개발의 필요성

기술적 측면

- 국내에 기술개발 전무 → 외산제품의 유지보수 및 업그레이드 측면에서 기 술개발필요성 절실함
- 해양레이더 기술난이도가 가장 높음 → 강력한 시장파급력
- 해당 레이더 핵심모듈은 저고도 무인기 감시, 강우분포측정, 차량추돌방지, 해양 선박감시 등 다양한 분야의 응용이 가능함

사회경제적 측면

- 천안함, 링스헬기 사고와 같은 선박 및 항공기의 조난 발생 시 사고위치 추 정, 수색구고 및 표류물 추적을 하는데 해수유동 정보가 필수적임.
- 허베이스프리트호와 같은 대형 유류 오염사고 시 유류확산 예측과 적조 발 생 시 유해생물 확산예측 등의 신속한 방제추진에 해수유동 정보 필요성 제기됨.
- 해군 및 해경함정 초계활동, 잠수함 운항, 대잠작전 등 해양방위 활동과 접 적해역 어민보호를 위해 해수유동 정보가 필요함.
- 독도 등 영토의 실효적 지배강화를 위한 해수유동 정보가 필수적임.
- 마리나 항만 개발 및 크루즈 관광산업 육성에 따른 요트, 보트, 크루즈 선 등 선박 통항 증대에 대비한 연안의 항해 안정망 구축 필요 (해저지형

과 실시간 해수 유동 자료가 접목된 항해 안전정보 제공시스템 구축 시급, GPS^{Global positioning system} 플로터 등 항해장비의 디지털화에 따라 경제적이고 효율적인 항행을 위한 연안 해수유동의 실시간 정보수요 증가

※ 중앙해양안전심판원의 최근 5년간 3,200여 건의 사고분석결과, 전국 연안 및 항만에서의 사고밀도가 높은 것으로 나타남

(2) 국내외 관련 현황

국내 기술개발 현황

- 국내에서는 개발이 전무한 상태
- 현재 제품이 기술, 성능, 운용 측면에서 효율성이 떨어짐에도 불구 전량 수입에 의존

국내 운용 현황 (그림 1, 2 참조)
- 해양 상태 관측을 위하여 해수면 관측 레이더를 실험국으로 설치·운용 중
- 국내에는 해양상태 관측, 예보 및 연구용으로 전국 약 5개소에 해수면 관측 레이더를 운용하고 있으나, 장비 개발 기술이 없어 전량 외산 장비를 도입하고 있음
  - 주요 주파수 대역은 13MHz, 24MHz, 42MHz이며, 현재 미국산 CODAR 레이더를 설치 운용 중
- 실제 운용중인 관측소에서는 고장 시 고가의 수리비용과 장기간 소요되는 수리일정으로 지속적인 유지관리가 불가능한 실정 → 국산화에 대한 강력한 요구

국내 정책 방향
- 해양수산부에서는 향후 실시간 해수유동정보시스템을 위하여 2017년까지 총 80여대를 구축 예정임 (그림 2, 3 참조, 2010.5. 해양조사원 보고)

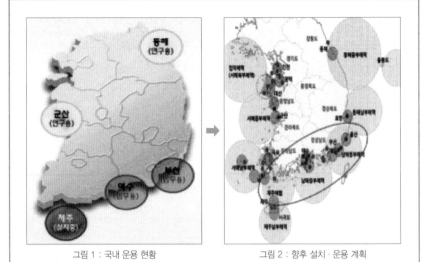

그림 1 : 국내 운용 현황   그림 2 : 향후 설치 · 운용 계획

국외 기술개발 현황 (그림 4 참조)

- 전 세계적으로 미국의 CODAR Coastal ocean dynamic application radar 사, 독일의 Helzel 사 및 영국의 NEPTUNE 사의 제품이 경쟁하고 있으며, 각 제품의 특성은 아래 비교표와 같음.
- CODAR 제품이 기술적으로는 가장 단순하나 가격경쟁력이 높아 세계적으로 가장 많이 활용되고 있으며, NEPTUNE 사 제품은 기술적으로 가장 완성도가 높으나 가격이 비싸 세계적으로 판매가 거의 이루어지지 않고 있음.

CODAR사의 SeaSonde 제품

그림 3 : 국외 기술개발 현황

국외 운용 현황

- (미국) 알라스카를 포함한 미국 영토에 약 143개소에 해수면 관측 레이더를 운용하고 있으며, 2015년까지 미국해양대기청의 '국가 해상관측 계획'에 따라 208개소 추가 설치를 계획 중 (그림 4 참조)
  - 자국에서 생산하는 CODAR 장비를 주로 이용하며, 주요 주파수 대역은 5MHz, 13MHz, 24MHz, 42MHz임

  ※ 미국 CODAR 장비는 높은 신호대 잡음비를 요하는 방향탐지 방식으로 잡음 필터링을 요하며, 처리속도가 늦어 60분 간격의 데이터 처리 및 상태 정보 제공 → 실시간 예측에 부적합

- (일본) 해수면 관측 레이더 장비 및 운용 기술을 보유하고 있으며 전국 약 21개소에 레이더를 운용 중이고 쓰나미로 인한 재해 방재를 위해 향후 지속적인 추가 설치를 계획하고 있음. (그림 5 참조)
  - 배열 안테나를 이용하는 지향성 레이더인 독일 Helzel, 자국 기업인 NJRC Nagano Japan Radio Company 제조 장비, 미국 CODAR 장비 등 다양한 레이더를 이용 중

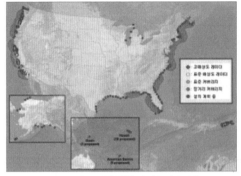
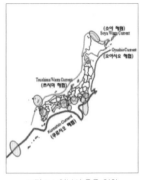

그림 4 : 미국의 운용 현황 및 향후 설치 계획   그림 5 : 일본의 운용 현황

- (유럽) 독일의 HELZEL Messtechnik사에서 WERA 장비를 생산하며, 프랑스, 영국, 러시아 등 해안국가에서 주로 사용 중 (그림 6 참조)
  - 주요 운용 대역은 8MHz, 16MHz, 30MHz이며, 특성상 CODAR에 비해 신속하게 데이터 처리 (10분 간격)
  - 육상국과의 간섭 방지를 위해 배열 안테나를 활용한 지향성 레이더를 설치하여 운용하고 있어, 비교적 넓은 설치 장소를 요구

  ※ 우리나라와 같이 해안선이 좁은 지역에서는 설치 장소에 제약을 받음

그림 6 : 유럽의 운용 현황

해양레이더 기술 개발현황 문제점 및 시사점

	개발현황 및 문제점	시사점
1 해상 사고해역 해류정보 획득	• 사고해역의 실시간 해류정보 획득이 힘든 실정 • 조난, 유류유출 사고 발생 시 신속한 대응 어려움	• 실시간 해수유통정보획득이 가능한 레이더 구축 시급 • 세월호 사건 이후 사고해역의 해류정보파악의 중요성 증대 • 기술 개발을 통해 국산화가 필요한 시점 • 국내유지보수로 신속하고 지속적인 서비스 요구 증대 • 한반도 지형에 적합한 장비 구축으로 연안감시효율 향상 해수면 관측용 레이더
2 국내개발 전무	• 해수면 관측용 레이더 기술개발은 이루어진바 없음	
3 전량수입에 의존	• 해외의 고가장비 도입으로 설치 시 높은 비용부담 • 현재 구축된 외산장비는 실험수준의 제한된 활용	
4 유지보수의 어려움	• 장비결함 시 해외수리에 의존 • 수리 시 높은 비용과 장기간의 보수로 어려움 호소	
5 한반도 연안지형의 복잡성	• 조수간만의 차가 크고 복잡한 형태의 리아스식 해안구조가 많은 한반도 지형은 맞춤형 레이더 구축이 절실	

나. 기술의 첨단성

레이더 시스템 적용분야 중 해수면 관측용 레이더의 기술적 난이도가 가장 높음

→ 해수면 관측용 레이더 기술을 성공적으로 개발한다면 타 분야 진입가능성 매우 용이함(강우, 차량, 전리층, 기상레이더)

개발대상기술의 신규성

• 지금까지 고비용 저효율에도 불구하고 전량수입에 의존하여 왔으나 이번 사업으로 개발하게 될 레이더 시스템은 국내에는 전무하기 때문에 국산화

성공 시 효율적인 서비스가 가능함

개발대상기술의 차별성
- 기존의 해양관측시스템을 사용하고 있는 기관들과 추가로 해양관측시스템을 구축하려는 기관들이 우리 제품을 사용하면,
  - 24시간 365일 안정적으로 신속한 실시간 관측이 가능하며
  - 국산 제품이기 때문에 유지보수, 업그레이드에 유리함
- 독일의 Helzel 레이더가 배열 안테나를 활용한 레이더를 설치 운용하고 있어, 비교적 넓은 설치 장소를 요구하고 있는 이유로 우리나라와 같이 해안선이 좁은 지역에서는 설치 장소에 제약을 받지만, 개발품은 설치 장소 제약을 완화할 수 있는 일체형 안테나 설계, 개발이 이루어짐.
- 미국의 CODAR 레이더가 60분 간격의 데이터 처리 및 상태 정보를 제공하는 것과 달리, 개발품은 낮은 위상잡음 특성을 갖는 주파수 합성기 등을 적용하여 30분 이내의 데이터 처리로 실시간 해양상태 예측이 가능함

개발대상기술의 차별성
- 기존의 펄스 레이더는 고출력 마그네트론을 이용하는 이유로 고가의 시스템에 높은 전파 간섭 문제가 있으나 FMCW 레이더는 주파수 도메인의 신호처리 기술로 낮은 송신 출력의 저비용 시스템 구축 가능함
- FMICW는 시분할 송수신 절체로 송수신 신호간섭을 원천적으로 제거하여 신호대 잡음비를 개선하며 FMCW보다 정밀한 검출이 가능함
- 해양/기상용 FMICW 레이더 신호발생 기술은 최근에 부상되고 있는 차량용 FMCW 레이더보다 고안정 초정밀 주파수 변조신호를 생성하는 고난도 기술임
- 파도에 의하여 반사된 신호 혹은, 강우에 의하여 반사된 신호를 수신하여 파도나 강우의 정보를 추출하는 기술은 초 정밀한 신호처리 기술을 요구함
- 이에 따라 일부 외국 기업만이 기술개발에 성공하여 관련제품을 출시하고 있으며, 국내에서는 관련 기술이 전무함

다. 기술 경쟁력

제품 (제작사)	모노폴 형태		어레이 형태	
	레이다솔루션	SeaSonde (CODAR)	WERA◆ (Helzel)	Pisces (NEPTUNE)
설치 공간	좁음	좁음	넓음	넓음
변조 형태	FMICW	FMICW	FMCW◆◆	FMICW
주파수 합성기	Fractional-N	DDS◆◆◆	DDS	Fractional-N PLL
자료 취득 간격	30분	60분	10분	10분
시스템 구성	소형	소형	대형	대형
판매가격(천원)	200,000*	300,000	400,000	600,000
연판매액(천원)	–	(비공개)	(비공개)	(비공개)

* ㈜ 레이다솔루션의 판매기는 목표 금액임

◆ **WERA** Wellen(Wave) radar ◆◆ **FMCW** Frequency modulated continuous wave

◆◆◆ **DDS** Direct digital synthesis

당사(㈜레이다솔루션) 기술개발 현황

1) 중기청 연구원특화 예비창업자육성사업 수행 (그림 8~12 참조)

- 사업명 : HF ^High frequency(단파) 레이더 시스템 시제품 개발
- 사업기간 : 2012년 4월 ~ 2013년 4월 (13개월)
- 사업내용 :
  - HF 레이더 시스템 개발
  - HF 레이더 하드웨어 설계 및 시제품 제작
  - HF 레이더 신호 처리 시스템 설계 및 시제품 제작
  - 레이더 시스템 통합 및 시험

당사(㈜레이다솔루션) 지식재산권 확보 및 회피 방안

1) 기술이전

- 기술이전명 : 전리층 상태관측 HF 레이더 기술
- 기술이전 기관 : 한국전자통신연구원
- 기술이전 일시 : 2012년 12월

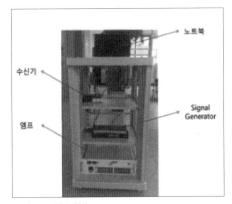

그림 7 : 시제품 형상

그림 8 : 레이더 안테나

그림 9 : 제주 김녕 시험

그림 10 : 제주 김녕 시험

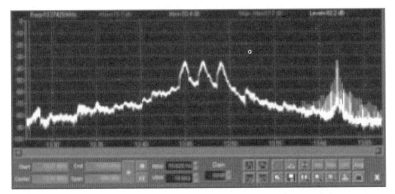

그림 11 : 해류 측정 파형

- 기술이전 내용 :
  - 전리층 관측 HF 레이더 시스템 개념설계서
  - 전리층 관측 HF 레이더 시스템 성능 및 환경 규격, 구성도
  - 전리층 관측 HF 레이더 시스템 송수신기 성능 규격
  - 전리층 관측 HF 레이더 시스템 송수신 안테나 성능 및 환경 규격, 구성도
  - 전리층 관측 HF 레이더 시스템 송수신 안테나 설치 규격
  - 전리층 관측자료 전산화 절차
  - 우주기상에 따른 전리층 변화 특성 및 HF 통신 영향

2) 특허 (통상실시권 보유)
- 특허명 : 해양 및 대기의 물리 현상을 관측하는 장치 및 방법
  (2012-0153191)
- 허여기관 : 한국전자통신연구원
- 허여일 : 2013년 11월
- 허여내용 : 통상실시권 (허여일부터 5년간)

3) 특허 출원 계획
- 해류측정 레이더 검증을 위한 표적 모의 장치
- 해수면 관측용 실시간 신호처리 알고리즘

4) 지식재산권 회피 방안
- 동 분야 국내 관련 지식재산권 내역 전무 (Blue Ocean 예상)
- 해외 관련 특허도 기본 기술은 이미 수십 년 전에 완성되어 기간 만료되었고, 상용화를 위해 만료 특허 활용 등 회피 방안은 다양함 (다음 표 참조)
- 해양오염, 해상안전/구조 등 공익을 위한 과학연구와 관련된 장비인 만큼 특허침해에 대한 분쟁위험이 적음

지식재산권명	지식재산권출원인	출원국/등록(공개)번호
Combined transmit/receive single-post antenna for HF/VHF radar	CODAR Ocean	US 2011-0309973 A1
Multi-station HF FMCW radar frequency sharing with GPS time modulation multiplexing	CODAR Ocean	US 2003-0025629 A1
Radar angle determination with music direction finding	CODAR Ocean	US 5990834 A
Gated FMCW DF radar and signal processing for range/doppler/angle determination	CODAR Ocean	US 5361072 A
Three-element antenna formed of orthogonal loops mounted on a monopole	CODAR Ocean	US 4433336 A
HF coastal current mapping radar system	CODAR Ocean	US 4172255 A
해양 및 대기의 물리 현상을 관측하는 장치 및 방법 (출원완료)	ETRI	한국 2012-0153191

기술유출 방지대책

- 기업이 중요한 정보를 사전에 파악, 설정 예정
- 이들 중요한 정보를 관리하는 요소로서 사내 조직체제, 시설 및 컴퓨터상의 관리, 종업원의 관리체제 구축
- 만일 기술유출 사태가 발생한 경우에는 민·형사상 대응 등을 통해서 기술유출의 억지력 유지
- 연구결과물에 대해 1~3단계의 보안등급을 매기고, 등급별 관리지침에 따라 체계적으로 관리
- 정보망에 대한 방화벽 및 각종 출입통제장치 설치, 평가기관 정보 관리자에 대한 보안교육 강화 등

항목			확보 및 회피방안
레이더 송수신기	국내		2010년 이후 FMCW 관련 특허가 증가하고 있으나 FMICW 특허는 없음
	국외	FMICW 송수신기	1994년(US 5361072) 특허 2014년 만료 예정
			2011년(US 8085097) Hittite사 Fractional-N 주파수합성기를 이용한 FMCW 특허
레이더 신호처리	국내		없음
	국외	2중 FFT 기술	1973년 Donald E. Barrick 미국 해양대기청 저널에서 2중 FFT 기술 해양레이더에 적용
		방향 탐지	1986년 Schmidt "MUSIC" 고해상도 방향 탐지 알고리즘 완성
			1999년 특허(US 5990834)는 위에서 구현된 방향 탐지 기술(1986년)과 해양레이더 시스템 기술(1984년)이 조합된 특정 방법에 대한 내용으로 방향 탐지 구현 방안은 CVDF, Max Entrophy, 최대우도, 최소자승법 등 다양함
시스템 기술	국내		ETRI로부터 HF 레이더 시스템 기술이전 받음
			출원특허(해양 및 대기의 물리 현상을 관측하는 장치 및 방법)의 통상실시권 확보
	국외		해양 레이더 시스템 – 1979년(US 4172255), 1984년(US 4433336) 특허에서 이미 기본 연구 및 구조 완성되었으며, 이미 특허 만료됨
			2005년 특허(US 2003-0025629)는 GPS를 이용하여 다수의 레이더 시스템을 시각 동기시키는 내용으로 본 기술 개발의 범위와는 무관함

3
추진계획

가. 상용화 개발계획

나. 영업/마케팅 계획

다. 사업예측(매출계획)

라. 인력구성 계획

마. 소요자금 및 조달방법

이제 마지막 영역인 '추진계획'을 살펴보자. 추진계획을 설명하기에 앞서 그동안 설명한 '시장환경' '기술개요'의 작성방법을 보면 결국 기술창업 방법론의 비즈니스 모델 영역에 해당된다는 것을 알 수 있다. 그리고 실제 사업계획서는 비즈니스 모델 영역의 T-캔버스 구성요소와 워크시트를 활용하여 작성되었음을 확인할 수 있다. 기술창업 방법론은 비즈니스 모델과 비즈니스 전략을 구분하였다. 마지막으로 설명할 '추진계획'은 비즈니스 전략에 해당하는 내용이다.

위의 세부목차를 보면 기술창업 방법론의 비즈니스 전략의 내용과 일치한다. 비즈니스 모델을 통해 매출 발생가능성을 설득하고, 비즈니스 전략을 통해 '기술개발-제품개발-영업마케팅-인력수급전략 활동계획'을 세우는 것이다. 그리고 이러한 활동은 추정재무 자료로 연결된다. 창업자들이 기존의 비즈니스 모델 프레임워크를 활용하여 실제 사업계획서 작성을 할 수 없는 이유가 바로, 비즈니스 모델과 비즈니스 전략의 구분이 애매했기 때문이라는 것은 이미 본문에서 언급하였다.

이제 실제 사업계획서를 보면서 기술창업 방법론의 비즈니스 전략에 해당되는 '추진계획' 내용을 확인해보자. (소요자금 등 매출자료는 제외하였다.)

3. 추진계획

가. 상용화 개발계획

	2015년	2016년	2017년	2018년	2019년
목표	FMICW RADAR 기술개발완료 (신호처리핵심기술 및 응용별 후처리기술)	FMICW 해양레이더 상용화제품개발 완료 (해양레이더 납품과 동시에 기타분야 상용화 사업 시작)	기타 상용화 사업 시작 (강우 및 기상레이더) ※이미 FMCW레이더 모듈개발이 완료되었기 때문에 기타 상용화 작업 용이		

2015년 : 신호처리 핵심기술 및 응용별 후처리기술 개발 완료
2016년 : 상용화 제품 개발 완료 → 국가해양영토 감시체계 구축사업에 납품

궁극적인 사업화 방향

* 전처리 분야 및 후처리 분야로 추진 예정
* 전처리 분야는 레이더 핵심기술에 해당
* 후처리 분야는 핵심기술을 활용한 기상, 차량, 전리층 등 분야별 응용서비스로서 소프트웨어 기술에 해당되며, 추후 상용화 사업으로 추진예정임 (2016년 강우레이더 예정)

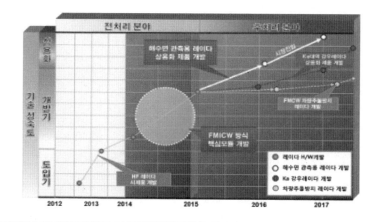

나. 영업/마케팅 계획

	2015년	2016년	2017년	2018년	2019년
단계	기술력 신뢰도 확보 단계	국가사업 수주를 통한 제품신뢰도 확보 단계	본격적인 국내완제품 시장진입 단계		해외시장진입 단계
주요 활동	경쟁사와의 공동 필드테스트를 진행 -〉 기술역량 우위성 어필	국가해양영토감시체계 구축사업에 납품 시작	국가해양영토 감시체계 구축사업에 납품 국토해양부 국립해양조사원의 "실시간 해수유동정보시스템"에 납품 시작		KOICA를 통한 동남아 해수면 관측 레이더 판매 추진
비고 (상용화 계획)	FMCW RADAR 기술개발완료 (신호처리핵심기술 및 응용별 후처리기술)	FMCW 해양레이더 상용화제품개발 완료 (해양레이더 납품과 동시에 기타분야 상용화 사업 시작)	기타 상용화 사업 시작 (강우 및 기상레이더)		

다. 사업예측(매출계획 등) (5년간)

	2015년	2016년	2017년	2018년	2019년
예상 매출	6.2억 원	12.8억 원	39.3억 원	86억 이상	134억 이상
세부 내용	항공감시레이더 : 4.2억(1대) 전리층관측기 : 2억(1대)	해양레이더 : 6억(3대) 강우레이더 : 3억(10대) 항공감시레이더 : 1.8억(1대) 전리층관측기 : 2억(1대)	해양레이더 : 8억(4대) 강우레이더 : 15억(50대) 항공감시레이더 : 4억(1대) 전리층관측기 : 2억(1대) 우주감시용 어레이 레이더 : 10억(1대)	해양레이더 : 10억(5대) 강우레이더 : 30억(100대) 항공감시레이더 : 4억(1대) 전리층관측기 : 2억(1대) 우주감시용 어레이 레이더 : 40억(4대)	해양레이더 : 12억(6대) 강우레이더 : 60억(200대) 전리층관측기 : 2억(1대) 우주감시용 어레이 레이더 : 60억(6대)
매출 근거 (해양 레이더)		국가해양영토 감시체계 구축 사업(3대)	국가해양영토 감시체계 구축 사업(4대) 해양수산부 국립해양조사원 (1대)	국가해양영토 감시체계 구축 사업(2대) 해양수산부 국립해양조사원 (2대) 해양연구원 및 대학(1대)	해양수산부 국립해양조사원 (4개) 해양연구원 및 대학(2개)
매출 근거 (강우 레이더)		기상청 도시농림 기상 예보사업(10대)	기상청 도시농림 기상 예보사업(10대) 수자원공사 강우예보사업(30대) 도로공사 강설예보사업(10대)	기상청 도시농림 기상 예보사업(10대) 수자원공사 강우예보사업(30대) 도로공사 강설예보사업(50대) 농어촌공사 강우예보사업(10대)	수자원공사 강우예보사업(80대) 도로공사 강설예보사업(80대) 농어촌공사 강우예보사업(30대) 서울시청 집중호우 예보시스템(10대)

매출 근거 (기타 레이더)	천문연 항공기 감시레이더 (선금) 우주전파센터 전리층관측기 구축사업	천문연 항공기 감시레이더 (잔금) 우주전파센터 전리층관측기 구축사업	공군 항공기 감 시레이더 우주전파센터 전리층관측기 구축사업 천문연 우주물 체 감시 사업	공군 항공기 감 시레이더 우주전파센터 전리층관측기 구축사업 천문연 우주물 체 감시 사업	천문연 우주물 체 감시 사업

위의 매출은 용역매출 및 제품매출에 대한 영업 및 마케팅 계획에 근거한 내용임
또한 영업 및 마케팅 계획은 상용화 계획에 근거한 내용이므로
→ 영업 마케팅 계획과 같은 수준으로 아래와 같이 상용화 계획과 영업마케팅 계획을 비고
  사항으로 제시 하였음

비고 1 (상용화 계획)	FMCW RADAR 기술개발완료 (신호처리핵심 기술 및 응용별 후처리기술)	FMCW 해양레 이더 상용화제 품개발 완료 (해양레이더 납 품과 동시에 기 타분야 상용화 사업 시작)	기타 상용화 사업 시작 (강우 및 기상레이더)		
비고 2 (영업 마케팅 계획)	경쟁사와의 공 동 필드테스트 를 진행 → 기 술역량 우위성 어필	국가해양영토 감시체계 구축 사업에 납품시 작	국가해양영토 감시체계 구축사업 에 납품 국토해양부 국립해양조사원의 "실시간 해수유동정보시스템"에 납품 시작		KOICA를 통한 동남아 해수면 관측 레이더 판 매 추진

라. 인력구성 계획 (3년간)

	2015년	2016년	2017년
충원 인력 수 (분야)	없음	1명(기술개발) 1명(행정)	2명(기술개발) 1명(영업) 1명(행정)
종인력	6명	8명	13명
인력 구성분야	기술개발 영업 및 마케팅 행정		
위의 인력구성계획은 상용화계획 및 영업/마케팅 계획에 근거한 내용이므로 → 인력구성계획과 같은 수준으로 아래와 같이 상용화 계획과 영업/마케팅 계획을 비고사항으로 제시 하였음			
비고 1 (상용화 계획)	FMCW RADAR 기술개발완료 (신호처리핵심기술 및 응용별 후처리기술)	FMCW 해양레이더 상용화제품개발 완료 (해양레이더 납품과 동시에 기타분야 상용화 사업 시작)	기타 상용화 사업 시작 (강우 및 기상레이더)
비고 2 (영업 마케팅 계획)	경쟁사와의 공동 필드테스트를 진행 → 기술역량 우위성 어필	국가해양영토감시체계 구축사업에 납품시작	국가해양영토 감시체계 구축사업에 납품 국토해양부 국립해양조사원의 "실시간 해수유동정보시스템"에 납품 시작

참고문헌

- 《지상의 양식》 앙드레 지드, 민음사, 2007
- 《WOW 프로젝트 1 : 내 이름은 브랜드다》 톰 피터스,
- 《기술경영과 혁신전략》 멜리사 스킬링
- 《린 스타트업 : 지속적 혁신을 실현하는 창업의 과학》 에릭 리스, 인사이트, 2012
- 《린 스타트업 : 실리콘밸리를 뒤흔든 IT 창업 가이드》 애시 모리아, 한빛미디어, 2012
- 《비즈니스 모델의 탄생》 오스터왈더&예스 피그누어, 타임비즈, 2011
- 《정부지원금 가이드》 이종훈, 행성:B웨이브, 2014
- 《창업지원금 가이드》 이종훈, 행성:B웨이브, 2014
- 《경영전략 수립 방법론》 김동철·서영우, 시그마인사이트컴, 2008
- 《비즈니스 모델 젠》 조용호, 비전아레나, 2013
- 《스토리텔링으로 배우는 경영전략 워크북》 가야세 마코토, 케이펍, 2011
- 《고객시장 분석론》 김명숙, 한밭대 창업대학원 강의
- 《기술경영과 혁신전략》 멜리사 스킬링, 교보문고, 2010
- 〈창업기업의 비즈니스 모델 타당성 평가빙인의 이론적 고찰 : BMO 모델 응용 중심으로〉
  정화영, 양영석
- 〈한국전자출판 연감〉 대한출판문화협회, KTB 투자증권
- 〈실천 중심의 기술경영교육 : 대전테크노파크의 기술사업화 교육사례 중심으로〉
  최종인, 산업경제연구, 2008
- 〈창업전략과 추정재무 방법론 강의노트〉 장동관, 2012
- http://www.pfservice.co.jp/
- http://www.doolbob.co.kr/